JAGUAR

JAGUAR

Werbung und Prospekte aus fünf Jahrzehnten

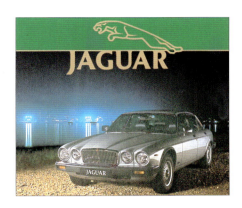

Halwart Schrader

Dieses Buch entstand durch die Mithilfe
des Jaguar and Daimler Heritage Trust, Coventry,
der Sovereign Magazine Ltd. in Cheylesmore,
der Jaguar Deutschland GmbH in Kronberg/Ts. sowie von Klaus Vollmar,
der dem Autor viele Unikate aus seinem Archiv zur Verfügung stellte.

Allen sei an dieser Stelle herzlich gedankt.

Einbandgestaltung: Anita Ament
unter Verwendung von Unterlagen aus dem Archiv des Autors

ISBN 3-613-87147-5

1. Auflage 1996
Copyright © by Schrader Verlag,
Postfach 103743, 70032 Stuttgart.
Ein Unternehmen der Paul Pietsch-Verlage GmbH + Co.
Sämtliche Rechte der Speicherung, Vervielfältigung und Verbreitung sind vorbehalten.
Lektorat: Mila Schrader
DTP: Birgit Karrasch
Druck: Dr. Cantz'sche Druckerei, 73760 Ostfildern
Bindung: Buchbinderei Dieringer, 70839 Gerlingen
Printed in Germany

INHALT

Einführung: Entstehung eines Mythos 6

Kapitel 1: Die Ära der XK-Modelle 14

Kapitel 2: Limousinen, die Geschichte machten 24

Kapitel 3: Die Legende vom Jaguar E-Type 40

Kapitel 4: Prestige, Stil und Perfektion 48

Kapitel 5: Jaguar- und Daimler-Klassiker mit sechs und zwölf Zylindern 56

Kapitel 6: Sportlich aus Tradition 102

Kapitel 7: Vom XJ40 zum Kompressor-Jaguar 116

Kapitel 8: Genf 1996: Debut einer neuen Sportwagen-Generation 126

Jaguar – Werbung und Prospekte

EINFÜHRUNG
ENTSTEHUNG EINES MYTHOS

Mit dem Begriff »Jaguar« verbindet sich seit Jahrzehnten ein Mythos. Die britische Automobilmarke mit der Raubkatze im Emblem strahlt Faszination aus, vermittelt Begeisterung und Reminiszenzen an großartige Motorsporterfolge. Jaguar steht zugleich für Leistung, Komfort, Luxus, Tradition und Prestige...

Fünfzig Jahre Jaguar-Werbung: Das ist ein interessantes Kapitel Nachkriegsgeschichte. Aber sie erschöpft sich nicht etwa nur in einem verklärten Blick in den Rückspiegel, dessen Glas matte Stellen bekommt und dessen Chrom vom vielen Putzen sich abzureiben beginnt. Gerade die jüngeren Klassiker aus Coventry erfreuen sich zunehmender Beliebtheit, wofür nicht zuletzt die steigenden Zulassungszahlen der neunziger Jahre ein Indiz darstellen; deshalb ist dieser Automobilgeneration hier auch ein breiter Raum gewidmet. Das Image der Marke Jaguar hat – nach gewissen Einbußen in den siebziger und frühen achtziger Jahren – ein außerordentlich hohes Niveau erreicht, und den gleichen Standard spiegeln die Kataloge und Inserate wider, mit denen für die Automobile dieser Marke erfolgreich geworben wird.

Die Firmengeschichte Jaguars ist aber sehr viel älter als die in diesem Buch reflektierten fünfzig Jahre. Sie beginnt 1922.

Als sich der junge Motorrad-Enthusiast William Lyons mit einem nur wenig älteren Partner damals zusammentat, um in Blackpool eine Manufaktur für Seitenwagen zu grün-

Rechts: *William Lyons als Zwanzigjähriger in Motorradkluft. Illustration aus einer Jaguar-Werbebroschüre, die der Firmenhistorie gewidmet ist.*

den, ließ sich ganz gewiß noch nicht erkennen, daß diese Zwei-Mann-Firma die Keimzelle zu einem der prominentesten Unternehmen der europäischen Automobilbranche darstellte. Lyons war gerade 21 Jahre alt geworden und hatte sich eine zeitlang sein erstes Geld als Automobilverkäufer verdient. Die Fahrzeuge, für die er sich engagierte, hießen Crossley.

Lyons wollte mehr als nur Autos verkaufen; er und sein Partner Walmsley schmiedeten hochtrabende Pläne. Die beiden Jungunternehmer blieben bis 1934 beisammen, entwickelten aber unterschiedliche Ansichten in puncto Business. Indes, mit ihrem schnittigen, »Swallow« (Schwalbe) genannten Leichtbau-Seitenwagen waren sie auf Anhieb erfolgreich, und es dauerte nicht lange, bis weitere Aktivitäten folgten: Lyons und Walmsley nahmen gegen Ende des Jahres 1926 die Herstellung von Automobilkarosserien auf.

Es war in den frühen zwanziger Jahren eher die Regel als die Ausnahme, daß nur Chassis, Fahrwerk und Motor vom Automobilhersteller geliefert wurden; die Aufbauten fertigten meist andere Firmen an. So hatte der Kunde die Wahl zwischen den unterschiedlichsten Karosserien, und bei besonders hochklassigen Fabrikaten wurden individuelle Wünsche ohne Rücksicht auf die Kosten in handwerklich aufwendiger Arbeit jederzeit erfüllt. Nur die Hersteller von Mittelklasse- oder Kleinwagen lieferten bereits ab 1912 komplette Fahrzeuge, so wie Opel in Deutschland,

Entstehung eines Mythos

William Lyons war gerade 21 Jahre alt, als er 1922 seine Firma gründete, die später unter dem Namen Jaguar weltberühmt wurde. Am 4. September 1982 feierte er seinen 81sten Geburtstag und mit ihm die Firma Jaguar Cars ihr 60jähriges Jubiläum. William Lyons begann seine Karriere mit der erfolgreichen Konstruktion und Produktion von Motorrädern mit Seitenwagen.

Ab 1927 befaßte er sich mit Autokarosserie-Design und bereits im Jahre 1932 konnte er der Öffentlichkeit die erste Version des SS1 vorstellen: ein Coupé mit ungemein ästhetischem Styling und leistungsstarken 6-Zylinder-Motoren.

Die weitere Expansion und die innovative Arbeitsweise von William Lyons und seinen Konstrukteuren brachten Jaguar in den Jahren darauf Erfolge über Erfolge: 1948 entstand der legendäre XK 120, der 1949 die ersten Plätze im Silverstone-Rennen belegte. Revolutionär an diesem Wagen war vor allem der Motor: es war der erste serienmäßig produzierte Motor mit zwei obenliegenden Nockenwellen.

1961 wurde zu einem weiteren Schlüsseljahr für Jaguar. Damals wurden der Mark X, erstes Modell einer neuen Generation von Jaguar-Limousinen und der unvergeßliche Jaguar „E"-Type eingeführt.

Der inzwischen geadelte Sir William Lyons krönte sein Lebenswerk im Jahre 1968 mit dem Jaguar XJ6. Dieser Jaguar XJ6 mit 2,8- und 4,2-Liter-Motoren galt als technisches und stylistisches Meisterwerk. Mit ihm hatte Sir William Lyons die Grundlage geschaffen, auf der heute alle Jaguar Limousinen aufbauen.

Die britische Post konnte Sir William Lyons, der 50 Jahre lang die Geschicke von Jaguar leitete, kein schöneres Geschenk machen als die Ausgabe einer Briefmarke, die den Jaguar XJ6 und den SS1 zeigt. Beide Modelle sind Meilensteine auf dem Weg zur Limousine von heute: den 83er Modellen. Fortschrittliche Automobilklassiker.

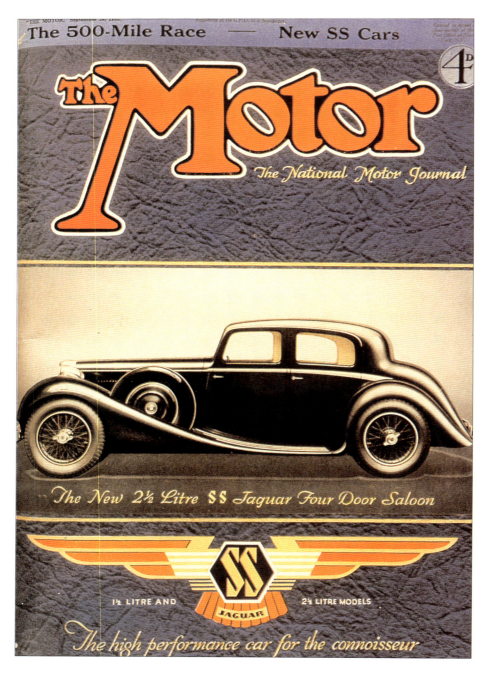

Austin und Morris in England, Fiat in Italien. Ihre modernen, nach amerikanischem Vorbild betriebenen Fließbänder ermöglichten dann in den zwanziger Jahren eine durchrationalisierte Großserienfertigung, was zu einem günstigen Endpreis ihrer Produkte beitrug.

Daß es aber auch im Bereich des Machbaren lag, auf das Chassis eines kleinen Austin 7 eine individuelle und zugleich sehr preiswerte Spezialkarosserie zu setzen, bewiesen Lyons und Walmsley mit ihren schmucken Sonderaufbauten, die sie mit einem bescheidenen Stab begabter Mitarbeiter anfertigten. Der Austin 7 mit 750-ccm-Motor war so, wie er vom Austin-Werk geliefert wurde, ein Massenauto (auf dessen Konstruktion übrigens auch der ab Ende 1927 in Eisenach hergestellte Dixi basierte), und sein günstiger Preis schloß natürlich jede Art von Besonderheit aus.

Wie bei den Swallow-Seitenwagen, fanden sich auf Anhieb zahlreiche begeisterte Kunden für den individuell karossierten, gar nicht einmal sehr viel teureren Austin 7 in der Swallow-Version. Doch die Werkstätten, in denen er entstand, waren für den Karosserie-Serienbau inzwischen viel zu klein geworden. Auf der Suche nach einem größeren Areal war Lyons auf ein Betriebsgrundstück in Foleshill bei Coventry gestoßen, und so zog die Swallow

Links: *Die englische Zeitschrift* The Motor *pflegte ihre Titelseiten mit Inseraten zu schmücken. Dieses erschien am 24. September 1935 und kündigte jenen Wagen der Marke SS an, der erstmals die Modellbezeichnung »Jaguar« trug.*

Side Car Company, wie sie noch immer firmierte, 1928 in die Midlands um – hier, im Herzen der englischen Automobilindustrie, war man letztlich auch näher bei einer ganzen Reihe von Zulieferern.

Die Londoner Motor Show im Herbst 1929 stellte einen Wendepunkt im Dasein der Firma dar. Hier wurde nämlich erstmals ein eleganter, zweitüriger Tourenwagen gezeigt, der den Namen Standard Swallow trug, abgekürzt SS, basierend auf einem Fahrgestell der ebenfalls in Coventry ansässigen Standard Motor Company. Die Serienwagen dieser Marke hatten einen guten Ruf in bezug auf Qualität und Langlebigkeit, doch ihre Aufbauten gaben sich bieder, konservativ – wenn nicht langweilig. Den von Lyons entworfenen Zweitürer mit extrem langer Motorhaube und kurzem Cockpit durfte man Exotik und Rasse bescheinigen: Die Presse und das Publikum waren begeistert.

Der Aufbau für dieses sportliche Auto war im Auftrage der Londoner Händlerfirma Henly's entstanden, die nicht nur Standard im Programm führte, sondern auch den Austin 7 Swallow vertrieb und Lyons geraten hatte, sich mit der Standard Motor Company zusammenzutun. Zu einer Fusion kam es zwar nicht, wohl aber zu einer ausgezeichneten Zusammenarbeit.

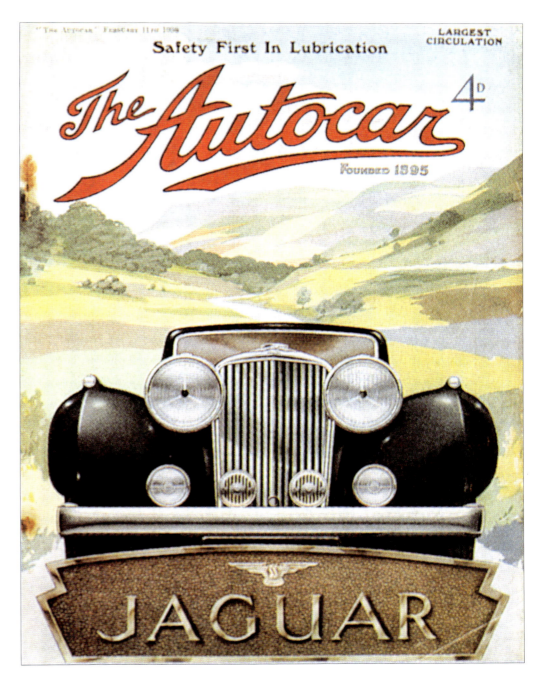

Rechts: *Jaguar-Inserat vom 11. Februar 1938 auf der Titelseite von* The Autocar. *Jetzt dominiert bereits das Wort »Jaguar« gegenüber der Markenbezeichnung SS.*

Jaguar – Werbung und Prospekte

Links: *1938 in der Zeitschrift* The Autocar *veröffentlichtes Inserat, das alle ausländischen Repräsentanten für Jaguar aufzählt. Emil Frey in der Schweiz war von Anfang an dabei (heute unter dem Namen Streag AG firmierend); für den Import nach Deutschland war die Berliner Firma Neumann zuständig.*

Unten: *Bereits im Juli 1938 kündigte das Londoner Autohaus Henlys die 1939er Jaguar-Modelle an. Henlys vertrat die Marke SS Jaguar im gesamten Süden der englischen Insel.*

Lyons sah eine Chance, seinen langgehegten Wunsch zu realisieren und selbst zum Automobilhersteller zu avancieren. Bill Walmsley war von dieser Idee indessen weniger begeistert und wäre, da er sehr viel lieber Motorrad als Auto fuhr, gern bei der Seitenwagenherstellung geblieben; sich der mächtigen Automobilkonkurrenz zu stellen, hielt er für ein großes Wagnis. Seine Skepsis behielt er bei, die schließlich auch zu einer Trennung von Lyons führte. Man einigte sich darauf, das Walmsley das Seitenwagengeschäft weiterführen sollte, während sein Partner davon überzeugt war, daß die Zukunft dem Auto und nicht dem Zweirad gehören würde.

Bevor Lyons die Firma im Alleingang weiterführte, hatte er sich an die Konstruktion eines ultraflachen Sportwagens gemacht, der im Herbst 1931 zur Vollendung gereift war und als Modell SS1 in die Automobilgeschichte einging. Fahrgestell und Motor kamen, wie zuvor, von Standard.

Die Buchstaben »SS« bedeuteten nun auch Standard Swallow, Standard Special oder Standard Sports – das ließ sich auslegen, wie man wollte. Nur standen sie nicht mehr allein für Swallow Sidecar. Und so kam es konsequenterweise auch zu einer Umfirmierung in SS Cars Limited mit der Unterzeile: Swallow Carriage & Chassis Works.

Die Herstellung von sportlichen Coupés und Cabriolets mit Fahrgestellen und Motoren von Standard nahm Dimensionen an, die eine ständige Erweiterung der Fertigungskapazität erforderten; schon 1932 umfaßte Lyons' Belegschaft mehr als 100 Personen. Die von ihnen gebauten Modelle SS1 16 HP und 20 HP hatten Sechszylindermotoren von 2054 bzw. 2552 ccm Hubraum; den SS2 gab es als 9 HP, 10 HP und 12 HP mit Vierzylindermotor und 1004, 1052 bzw. 1608 ccm Hubraum. Bis einschließlich 1936 wurden 3139 Sechszylinder und 1796 Vierzylinder ausgeliefert. Lyons' Traum hatte sich erfüllt: Er war Automobilhersteller geworden, obendrein ein hochrespektierter, denn seine Kreationen hatten innerhalb weniger Jahre weltweite Anerkennung gefunden.

Einen weiteren Meilenstein für die SS Cars Ltd. – jetzt ohne Bill Walmsley – stellte die Motor Show im Oktober 1935 dar. Hier präsentierte Lyons zum erstenmal einen Sportwagen, der die Modellbezeichnung »Jaguar« trug. Das Chassis dieses Wagens wich erheblich von dem des Standard ab und war eine Konstruktion des Ingenieurs William Heynes. Sein Kollege Harry Weslake hatte dafür einen 90 PS starken 2,7-Liter-ohv-Motor entwickelt, und mit der von Lyons gezeichneten Karosserie war somit ein Fahrzeug von atemberaubender Schönheit entstanden.

Fortan trugen alle Fahrzeuge der Marke SS den Beinamen Jaguar. Die bekanntesten wurden die auch im Motorsport so erfolgreichen Modelle Jaguar SS90 und Jaguar SS100; die Zahlen gaben ihre Höchstgeschwindigkeit in Meilen (mph) an. Vor allem der SS100 galt als Traumwagen, zumal seine Linien und Proportionen von erlesener Schönheit waren.

Rechts: *Der 3.5 Litre SS Jaguar Modell 1939 in einem Inserat, das in einigen englischen Zeitschriften veröffentlicht wurde. In praktisch jeder Stadt Südenglands finde man einen Jaguar-Händler, heißt es stolz...*

Jaguar – Werbung und Prospekte

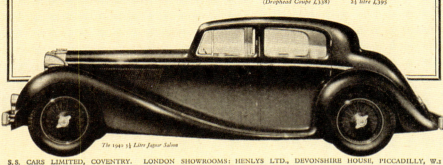

Links: *445 Pfund Sterling kostete der 3.5 Litre Saloon Modell 1940. Unter anderem verweist das Inserat auf »Air Conditioning«, worunter man ein Belüftungssystem verstand, bei welchem sich die frische Luft durch Klappen von außen ins Interieur leiten und mit warmer Luft vom Kühlsystem mischen ließ. Nur wenige Automobile wiesen damals diese heute so selbstverständliche Einrichtung auf.*

Der Ausbruch des Zweiten Weltkrieges unterbrach den prosperierenden Automobilbau in Coventry. Im Regierungsauftrag konzentrierte man sich künftig auf die Herstellung von Kanzeln für Jagdbomber; auch entstanden Prototypen für einen Geländewagen, der jedoch nicht in Serie ging.

Als im Herbst 1945 die Herstellung von Automobilen wieder aufgenommen wurde, setzte Lyons einen klugen Gedanken in die Tat um: Er ließ seine Firma unter dem Namen Jaguar Cars Ltd. eintragen. Die bis 1939 zu hoher Popularität gekommene Modellbezeichnung zum Namen des Fabrikats aufzuwerten, war marketingstrategisch bestens durchdacht, denn mit dem Image der geschmeidigen Raubkatze ließen sich Begriffe wie Geschwindigkeit, Schönheit, Rasse und Exklusivität verbinden: Attribute, die zugleich eine Verpflichtung darstellten, der Lyons und seine Mitarbeiter nur allzu gerne nachkamen.

Die an Facetten reiche Entstehungsgeschichte der Firma Jaguar auf knappen Raum zu schildern, bedingt das Weglassen vieler sicher bedeutender, interessanter oder auch amüsanter Begebenheiten, die sich in den späten zwanziger und in den dreißiger Jahren zutrugen. Aber in diesem Buch sollen Bilder die Jaguar-Story erzählen. Vor allem die der Ära ab 1946.

Die vielseitigen Qualitäten William Lyons', der später von der britischen Automobilindustrie mit hohen Auszeichnungen geehrt und 1956 von der Königin Elizabeth II. sogar in den Adelsstand erhoben wurde, sowie die Fähigkeiten seiner genialen Konstrukteure prägten die Politik des Hauses Jaguar – ab 1960 mit Daimler of Coventry vereint – für viele Jahrzehnte. Sie ließen die exzellenten Produkte unter diesen beiden Marken Weltruhm erlangen. Dieses Buch kann natürlich nur einen geringen Teil der großartigen Jaguar-Story ausschnittsweise wiedergeben, genau das aber ist auch sein Sinn: Es sollen die wichtigsten Stationen in einem halben Jaguar-Jahrhundert aufgezeigt werden – gekennzeichnet durch herausragende Automodelle – und diese Typenschau erfolgt durch die Wiedergabe originalgetreu reproduzierter Werbemittel. Die Broschüren, Kataloge, Prospekte und Inserate aus fünf Jahrzehnten sind sozusagen die Visitenkarten des Hauses; sie vermitteln die Botschaft der Ingenieure, Designer und Kaufleute durch verbale und vor allem visuelle Umsetzung. Durch sie kommuniziert Jaguar mit seinen Kunden und vor allem solchen, die es werden sollen.

Die Faszination gut aufgemachter Werbemittel teilt sich uns im Falle Jaguar in besonderem Maße mit, wobei die Revue der in diesem Buch gezeigten Objekte eine bemerkenswerte Evolution erkennbar werden läßt, zugleich also ein interessantes Segment aus fünf Jahrzehnten internationaler Gebrauchsgrafik und Marketinggeschichte sichtbar macht. Es ist sicher nicht vermessen, hier von einem Stück Kulturgeschichte zu sprechen.

Rechts: *Im Dezember 1943 erschien dieses Inserat, obwohl zu jener Zeit in ganz England weder Zivilfahrzeuge gebaut noch verkauft wurden: Denn es war Krieg. Noch erscheint auf dem Inserat »SS Cars Limited« als Firmenbezeichnung; erst ab 1945 wird sie dann »Jaguar Cars« Ltd. lauten.*

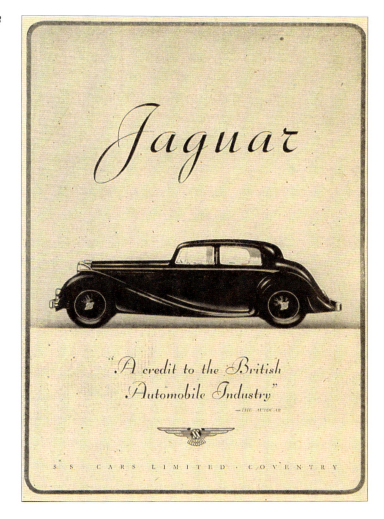

KAPITEL 1

DIE ÄRA DER XK-MODELLE

Links: *Der Jaguar des Modelljahrgangs 1946 unterschied sich vom Vorkriegsmodell so gut wie gar nicht. »Der feinste Wagen seiner Klasse der Welt« lautet der Slogan des Hauses. In äußerlich gleicher Gestalt gab es dieses Auto als Modell 1.5 Litre, 2.5 Litre und 3.5 Litre.*

Jaguar begann – wie fast alle europäischen Automobilhersteller – nach dem Kriege dort, wo man im Herbst 1939 unfreiwillig aufgehört hatte. Das heißt, die ersten Fahrzeuge, die 1946 das Jaguar-Werk verließen, entsprachen genau dem 1939er Baumuster.

Angeboten wurden zunächst die Modelle 1.5 Litre (vier Zylinder, 1776 ccm, 65 PS), 2.5 Litre (sechs Zylinder, 2663 ccm, 102 PS) und 3.5 Litre (sechs Zylinder, 3485 ccm, 125 PS). Das größte und stärkste Modell war hauptsächlich für den Export gedacht. Die beiden Sechszylinder lieferte Jaguar als Cabriolet oder Limousine; ihre Produktion währte bis Ende März 1949. Der Vierzylinder, ausschließlich als Limousine zu haben, wurde nur bis zum Jahresende 1948 hergestellt.

Der 1.5 Litre war der letzte Jaguar mit einem unveränderten Standard-Motor (wobei die Modellbezeichnung nicht dem 1,8 Liter großen Hubraum des Motors entsprach); dieses Aggregat wurde übrigens auch in den zeitgenössischen Triumph-Modellen Saloon und Roadster eingebaut. Die beiden Sechszylinder basierten ursprünglich zwar ebenfalls auf Standard-Konstruktionen, hatten bei Jaguar aber so weitreichende Änderungen erfahren, daß kaum mehr Teile von ihnen gegen solche eines Standard-Motors austauschbar waren.

Werbung für diese drei Modelle wurde nur in ganz bescheidenem Umfang betrieben. Die meisten Exemplare lieferte Jaguar ins Ausland, etwa in die Schweiz, nach

Schweden, n die USA oder nach Australien. Vor allem der 3.5 Litre fand in den Vereinigten Staaten gute Aufnahme.

In einer schöpferischen Pause, die nicht zuletzt auch zum Abverkauf vorproduzierter Fahrzeuge diente, enstanden bei Jaguar Mitte 1948 zwei neue Modelle, die im September ihre Präsentation erlebten und unmittelbar darauf auch in Serie gingen: Der Jaguar Mk. V und der Jaguar XK 120.

Mit dem Mk. V schloß man an die Tradition des 3.5 Litre an, er sah seinem Vorgänger auch noch recht ähnlich. Es handelte sich um einen volumigen, repräsentativen Reisewagen, wahlweise mit 2,7- oder 3,5-Liter-Motor bestückt. Als erster Jaguar wies der Mk. V vordere Einzelradaufhängung und Drehstabfederung auf, auch hatte er Räder von 16 statt bisher 18 Zoll Durchmesser. Angeboten wurde dieses stattliche Fahrzeug als viertürige Limousine oder als Cabriolet. Mehr als 6000 der insgesamt 10.465 gebauten Mk. V gingen in den Export.

Der andere im September 1948 vorgestellte Jaguar durfte schlichtweg als Sensation bezeichnet werden. Als XK 120 bezeichnet (die Zahl bezog sich auf 120 mph Spitzentempo), überzeugte dieser Zweisitzer durch formale Ästhetik und beeindruckende Leistung. Der Sechszylindermotor hatte 3442 ccm Hubraum und zwei obenliegende Nockenwellen – unvorstellbare 160 PS leistete diese Maschine. Eine Coupé-Ausführung des XK 120 kam 1951 auf den Markt, eine Version als Cabriolet mit winterfestem Verdeck und Kurbelscheiben in den Türen folgte 1953.

Im September 1954 löste der Jaguar XK 140 den XK 120 ab. Äußerlich unterschied sich das neue Modell vom bisherigen durch einen etwas modifizierten Kühlergrill und

Oben: *Mit der Einführung des XK 120 im Herbst 1948 setzte Jaguar einen neuen Maßstab im Sportwagenbereich. Dieses Automobil wurde geradezu als Sensation gefeiert... Ein XK 100 genannter Prototyp mit dohc-Vierzylindermotor, ebenfalls für 1948 angekündigt, blieb indes im Planungsstadium stecken. Die Sechszylindermaschine des XK 120 leistete 160 PS bei 5000 Touren, und die Zahl »120« bezog sich auf die Spitzengeschwindigkeit in Meilen pro Stunde. 120 mph entsprachen 193 km/h...*

Unten: *Retusche einer Werbeaufnahme des heute so seltenen Jaguar Mk. V. Es gab dieses Fahrzeug 1948-1951 als Limousine und als Cabriolet sowohl mit 2,5- als auch mit 3,5-Liter-Motor.*

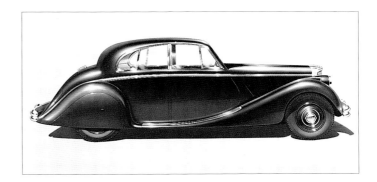

Jaguar – Werbung und Prospekte

massivere Stoßstangen vorn und hinten. Zwei SU-Vergaser statt des beim XK 120 verwendeten einen und ein paar Tricks der Motorenzauberer von Coventry hatten die Leistung des Sechszylinders auf 190 PS ansteigen lassen, gut für 210 km/h.

Von 1954 bis 1957 wurde der Jaguar XK 140 in einer Stückzahl von 8884 Exemplaren hergestellt, etwa je zu einem Drittel als Roadster (Open Tourer Sports – OTS), als Coup, (Fixed Head Coupé – FHC) und als Cabriolet (Drophead Coupé – DHC).

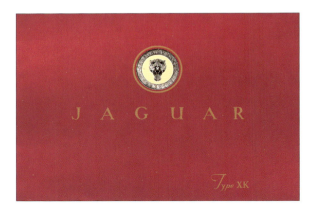

Links: *Nobel gibt sich die Aufmachung dieses Jaguar-Prospektes, mit welchem der Jaguar XK 120 auf der Londoner Automobilausstellung im Herbst 1948 angekündigt wurde. Die Vertriebsrechte in den USA sicherte sich der österreichische, in New York ansässige Kaufmann Max Hofmann.*

Links: *Als Super Sports Two-Seater wurde der Roadster XK 120 bezeichnet. Seine Linienführung war hinreißend schön. Nachträglich wurden die meisten Exemplare mit Speichenrädern versehen; serienmäßig ausgeliefert wurde der XK 120 indessen stets mit Stahlscheibenfelgen. Die ersten Fahrzeuge erhielten eine Karosserie aus Leichtmetall; die Aluminium-Bestände lagerten in Coventry noch aus der Kriegszeit, als Jaguar Flugzeugteile herstellte. Nachdem sie aufgebraucht waren, wurde im Karosseriebau Stahlblech verwendet.*

Die Ära der XK-Modelle

Oben: *Der Jaguar Roadster wies seitliche Steckscheiben auf, die das Verdeck ergänzten; die schmalen Klappen waren für Handzeichen vorgesehen. Den Kraftstoff-Einfüllstutzen erreichte man nur durch Öffnen des Kofferraums.*

Jaguar – Werbung und Prospekte

Unten: *Zwei obenliegende Nockenwellen kennzeichneten einen Wettbewerbsmotor. Der aufwendig gebaute Sechszylinder hatte in der Tat Rennqualitäten, was im Motorsport mehrfach bewiesen wurde. Viele Komponenten des 3442-ccm-Motors waren für eine hohe Kraftreserve ausgelegt, dementsprechend verfügte die Maschine im normalen Straßenbetrieb über eine lange Lebensdauer.*

Rechts: *213,35 km/h – mit Tankstellenbenzin! Diese Rekordfahrt fand am 30. Mai 1949 auf einem Autobahnabschnitt bei Jabbeke, Belgien, statt. Sehr zur Freude der belgischen Jaguar-Importgesellschaft, die aus dieser Demonstration großen Nutzen für ihre Presse- und Werbearbeit zog. Belgien war ein interessanter Markt für Jaguar.*

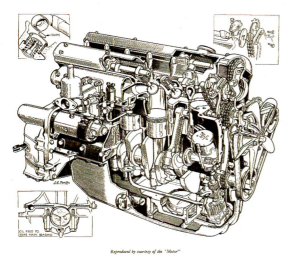

Die dritte Ausführung der XK-Baureihe, angeboten von 1957 bis 1961, hieß XK 150. Die Karosserie dieses Sportwagens wies ein etwas weniger stark ausgeprägtes Profil auf, war weicher und runder gezeichnet. Die Windschutzscheibe war einteilig und stark gewölbt; bei den Vorgängermodellen hatte es in der Mitte eine senkrechte Strebe gegeben. Abermals hatte man den Kühlergrill etwas verändert; seine runde, nicht mehr so schlanke Form entsprach der Gesamtlinie des Wagens. Es gab den XK 150 ebenfalls in drei Aufbauvarianten, auf Wunsch aber auch mit einem größeren Motor: Dieser hatte 3781 ccm Hubraum, eine Verdichtung von 9:1 (statt 8:1) und eine Leistung von 253 PS. Damit war der attraktive Zweisitzer – ein echter Porschekiller! – 225 km/h schnell.

In der Version XK 150 S waren alle Extras im Preis einbegriffen, die man bei dem Grundmodell nur auf

Sonderwunsch erhielt: drei Vergaser, höhere Verdichtung, Speichenräder. Ab Herbst 1959 erhielt man auch den XK 150 – ohne S – mit dem größeren Motor. Insgesamt fanden 9395 Exemplare beider Ausführungen ihre Käufer, von denen etliche (meist Amerikaner) einer Borg-Warner-Automatik den Vorzug gaben. Das handgeschaltete Getriebe dieses Jaguar konnte, wie schon beim XK 140, auf Wunsch mit einem Overdrive ausgestattet werden, also mit jener elektromagnetisch zuschaltbaren fünften Gangstufe, mit der sich die Drehzahl im obersten Gang um

Unten: *Ein Einzelstück blieb dieser Jaguar XK 120 mit einem lederbezogenen Aluminium-Hardtop, im März 1950 von der Firma Fox & Nicholl für den Filmschauspieler Tyrone Power angefertigt.*

Oben: *Mitte der fünfziger Jahre erschienen auch in der deutschen Motorpresse zunehmend Inserate für Jaguar Automobile. Der 190 PS starke dohc-Motor des 1954 als Nachfolger des XK 120 eingeführten XK 140, hergestellt als Coupé, Roadster und Cabriolet, war auch in der Limousine vom Typ Mk. VII M zu finden. Interessant, daß hier auch der D-Type Rennwagen mit Scheibenbremsen und Trockensumpfschmierung angeboten wird – für nur DM 36.500.*

Oben: *Anläßlich der 1954er Motor Show in London veröffentlichte Farbanzeige in The Motor. Auch hier stehen außer dem Jaguar Mk. VII M die drei Versionen des XK 140 im Mittelpunkt, und selbstverständlich wird auf den erfolgreichen D-Type Rennsportwagen verwiesen.*

Die Ära der XK-Modelle

Links: *Mit dem XK 150 krönte Jaguar die Reihe der klassischen Sportwagen; es gab dieses Modell von 1957 bis 1961. Der Prospekt wurde im Dezember 1958 veröffentlicht.*

Unten: *Traumsportwagen waren sowohl der XK 150 als auch der reichhaltiger ausgestattete XK 150 S. Insgesamt gab es sogar drei Versionen, denn zwischen dem Standardmodell un dem S-Type gab es noch das »Special Equipment Model«. Die S-Ausführung war im Gegensatz zu den beiden anderen nicht mit Getriebeautomatik zu bekommen.*

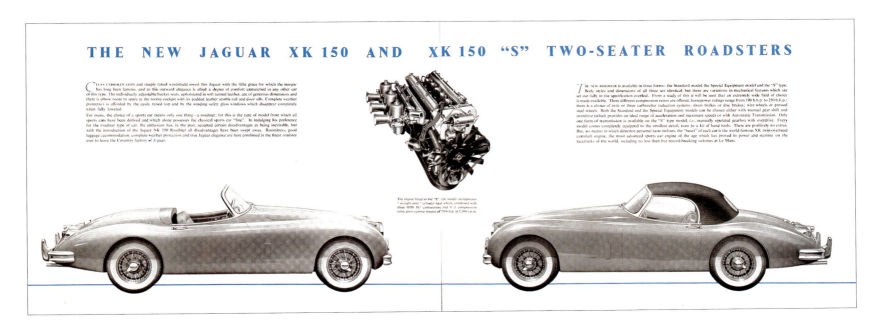

Jaguar – Werbung und Prospekte

Unten: *Daß dieser Prospekt für den Exportvertrieb nach USA aufgelegt wurde, geht aus der Abbildung des Wagens mit Linkslenkung hervor.*

500/min herabsetzen und ergo Kraftstoff sparen ließ. Auch der Overdrive war beim handgeschalteten XK 150 S im Ausstattungsumfang enthalten.

Konstruktiv unmittelbar verwandt mit den XK-Serienmodellen waren die Rennsportausführungen C-Type (1951-55) und D-Type (1954-57), mit denen Jaguar unzählige Erfolge im Motorsport verbuchen konnte, unter anderem vier Mal Erstplazierungen bei den 24 Stunden von Le Mans. Diese Erfolge wurden werbestrategisch natürlich voll genutzt und paßten ausgezeichnet ins Jaguar-

The new roomy interior with its heavily padded scuttle rail and door sills. Driver and passenger comfort is much enhanced by the fully adjustable winding safety glass windows which can be set in any desired position whether or not the top is raised.

The new wrap-round one-piece windshield affords clear unbroken vision forward and to the sides. The smart new instrument panel is faced with an attractive combination of metal and leather.

Die Ära der XK-Modelle

Marketingkonzept. Den D-Type bot Jaguar sogar Privatkunden zum Kauf an (36.500 Mark – verzollt frei Düsseldorf), wie auch den in geringer Stückzahl angefertigten XK-SS, der aber in der Werbung kaum aufschien. Die Nähe der Rennfahrzeuge zu den Straßensportwagen, auf denen sie basierten, ergab eine ersprießliche Wechselbeziehung, von der beide Seiten profitierten. Beispielsweise gehörte die Einführung von Drehstabfederung und Scheibenbremsen an allen vier Rädern, die Jaguar für den XK 150 anbot, dazu. Hier gehörte Jaguar zu den Pionieren.

Die Sportwagen der XK-Serien genossen seit Anfang an hohen Liebhaberstatus. Kenner bezeichnen sie als die schönsten Jaguar-Modelle aller Zeiten – den SS100 der späten dreißiger Jahre vielleicht ausgenommen.

Oben: *Bereits heute habe der Jaguar das Bremssystem der Zukunft, lautet hier die Aussage. Sie entsprach absolut den Tatsachen. Stolz verweist der Text auf bisher vier Siege in Le Mans (denen später noch weitere folgen sollten).*

Rechts: *Ein Prospekt für den Jaguar XK 150 aus dem Jahre 1958. Der Hinweis auf Scheibenbremsen gehörte fast schon zur Modellbezeichnung und forderte zu Vergleichen mit anderen Sportwagen heraus.*

KAPITEL 2

LIMOUSINEN, DIE GESCHICHTE MACHTEN

Oben: *Prospekt für den Jaguar Mk. VII mit Getriebeautomatik. Mit dem 160-PS-Motor des XK 120 wurde diese Limousine von 1950 bis 1955 in knapp 21.000 Exemplaren gebaut.*

Nicht minder eindrucksvoll im Vergleich zu den attraktiven Sportwagen sind seit jeher die klassischen Limousinen aus dem Hause Jaguar. Und keineswegs nur die der Typenreihe Mk. I / Mk. II.

Dem im vorigen Kapitel erwähnten Mk. V folgte 1950 der Mk. VII (auf die Bezeichnung Mk. VI verzichtete man: Bentley hatte nämlich seit 1946 eine Luxuslimousine mit dieser Bezeichnung im Programm), den es bis 1957 gab. In seinen Dimensionen war der Jaguar Mk. VII größer als der Mk. V, sowohl in der Länge und in der Breite als auch in der Höhe. Vor allem aber war der Mk. VII adäquat motorisiert: Er wies den leistungsstarken dohc-Sechszylinder des XK 120 auf. Mit 160 PS war dieser Jaguar ein ungewöhnlich schneller Wagen – er lief 165 km/h. Der nur wenig später eingeführte Mercedes-Benz 300 war als kontinentales Gegenstück mit »nur« 115 PS aber auch beachtliche 160 km/h schnell…

Die üppigen Lederpolster, die edlen Holzfurniere und eine Vielzahl nützlicher Accessoirs waren bereits typisch für die Innenarchitektur eines Jaguar. Noch aber hatte der Wagen (servounterstützte) Trommelbremsen ringsum. Sein Nachfolger wurde Ende 1954 der Mk. VII M mit der 190-PS-Maschine des XK 140; dieses Modell bekam man auch mit automatischem Getriebe. Äußere Unterscheidungsmerkmale: Teleskopstoßdämpfer hinten, Blinker statt Winker, eine modifizierte hintere Stoßstange, Hauptscheinwerfer ohne die drei radialen Chromstege, wie sie zuvor üblich waren. Beide Mk. VII brachten es auf insgesamt 30.969 Exemplare. Eine Cabrioletversion gab es werksseitig nicht.

Um bei den großen Limousinen zu bleiben: 1956 erschien der Jaguar Mk. VIII, 1958 der Mk. IX. Ersterer war eine Weiterentwicklung des Mk. VII, hatte auch dessen Karosserie. Jedoch wies seine Windschutzscheibe

Unten: *Walnußholz und feines Leder dominieren im Interieur des Jaguar Mk. VII. Die Schaltstufen der Getriebeautomatik ließen sich durch einen Hebel an der Lenksäule einlegen. Der Text besagt, daß der Mk. VII mit der Borg-Warner-Automatik in den ersten drei Jahren – also bis einschließlich 1953 – nur in den Export gegangen war; in England hatte man ihn in dieser Version also nicht kaufen können.*

Jaguar – Werbung und Prospekte

Links: Auch der Mk. VIII wurde als der »Feinste seiner Klasse in der Welt« bezeichnet, und nicht wenige Automobil-Liebhaber stimmen dieser Aussage noch heute zu. Mit seiner zweifarbigen Lackierung, tiefen Lederpolstern und einer mehr als reichhaltigen Ausstattung galt dieser Jaguar 1956-1959 als ein sehr exquisites Fahrzeug. Nur wenige wurden nach Deutschland, etliche aber in die Schweiz geliefert; der Preis von 26.500 Franken lag nur 2000 Franken über dem des XK 150.

jetzt keine Mittelstrebe mehr auf, und dem Zeitgeschmack entsprechend wurden die Wagen mit zweifarbiger Lackierung ausgeliefert. Auf der Stirnfläche des etwas verbreiterten Kühlergrill prangte das Jaguar-Emblem, das sich beim Mk. VII auf der Motorhaube befunden hatte. Unter der Motorhaube des bis 1959 in 6212 Exemplaren hergestellten Wagens flüstertete der seidenweich laufende 3442-ccm-Motor des XK 150, der dem 1700 kg schweren Viertürer eine Spitzengeschwindigkeit von mehr als 170 km/h verlieh.

Aus dem Jaguar Mk. VIII wurde 1958 folgerichtig ein Mk. IX. Das Herzstück dieser Komfortlimousine war der auf 3781 ccm vergrößerte dohc-Motor des XK 150 S. Als erste große Limousine der Marke Jaguar hatte der Mk. IX Scheibenbremsen.

Links: Katalog für den Jaguar Mk. VII M mit der 190 PS starken Maschine des XK 140. In einigen Details war dieses Modell gegenüber seinem Vorgänger verfeinert worden. 10.061 Stück wurden hergestellt, von denen Jaguar knapp zwei Drittel exportierte.

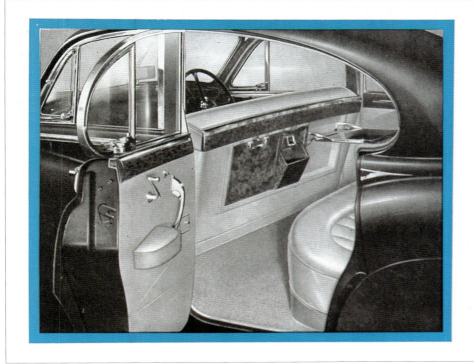

A new conception of luxury

In every part of the world the name of Jaguar has for long been regarded as epitomising all that is best in British design and craftsmanship allied to the highest degree of luxury, but in the new Mark VIII even the high standards of the past have been surpassed. Mechanically, the Mark VIII has been raised to a new peak of performance and refinement, whilst interior appointments are of a quality normally to be found only on coachwork built to individual order by specialist coachbuilders. The cabinet work of the instrument panel, garnish rails, window surrounds and rear interior appointments is carried out in richly figured walnut carefully matched in complete sets for each individual car. Only selected skins from the best quality hides are used for the sumptuous upholstery. Built to an ideal, the luxurious Mark VIII now more than ever stamps Jaguar as being the finest car of its class in the world.

Bis zum Oktober 1961 wurden von diesem Modell genau 10.009 Exemplare gebaut. Die hohe Quote der exportierter Fahrzeuge hatte sich nach und nach verringert; vom Mk. VIII waren noch knapp zwei Drittel ins Ausland gegangen, vom Mk. IX weniger als die Hälfte, genau: 46,5 Prozent. Was den Schluß zuläßt, daß der britische Markt wieder aufnahmefähig geworden war.

Sicher verkörperte der Jaguar Mk. IX moderne Automobilbaukunst, gleichwohl hatte er noch ein separates Chassis – als letzter großer Jaguar. Sein als Mk. X vorgestellter Nachfolger wartete hingegen mit einem Aufbau in selbsttragender Bauweise, also ohne Rahmen, auf. Wie auch die Modelle 2.4 und 3.4 Litre, die einschließlich

Oben: *Viel Luxus auch im Fond des Mk. VIII, zum Beispiel ausklappbare Picknicktischchen.*

Jaguar – Werbung und Prospekte

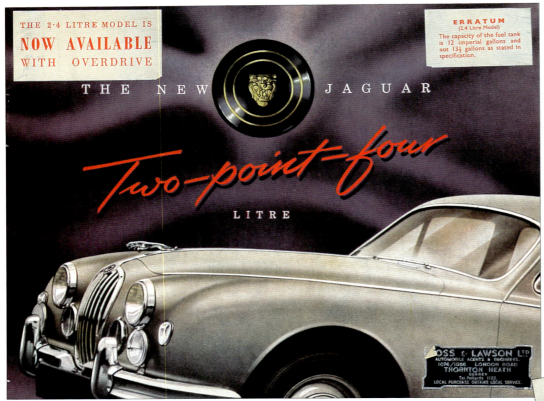

ihrer Derivate unter der Sammelbezeichnung »Mk. II« in die Jaguar-Geschichte eingingen.

Übrigens: Einen Jaguar Mk. I hat es offiziell nicht gegeben. Ebenso wenig wie einen Mk. III oder Mk. IV oder Mk. VI. Und die Bezeichnung Mk. II gab Jaguar erst jener Modellreihe, die dem 2.4 und 3.4 Litre nachfolgte, womit diese posthum – zuweilen auch werksintern und zur besseren Unterscheidung – Mk. I genannt wurde.

Mit den als »compact saloons« bezeichneten Limousinen nahm für Jaguar eine neue Ära im Automobilbau ihren Anfang. Sie begann 1955 mit dem Jaguar 2.4 Litre: Er war fast einen halben Meter kürzer als der Mk. VIII, hatte eine selbsttragende Karosserie, mit welcher er um eine halbe Tonne (!) leichter als jener war und kam mit einer überarbeiteten dohc-Maschine vom XK-Modell

Oben: *Mit dem kompakten 2.4 Litre, nachträglich als Mk. I bezeichnet, begann für Jaguar 1955 eine neue Phase im Automobilbau. Diesen Prospekt versah man 1956 mit einem Aufkleber, der auf den neu eingeführten Overdrive hinweist.*

Rechts: *Den 100 Meilen bzw. 160 km/h schnellen 2.4 Litre stellte Jaguar in dieser Bauform bis 1959 her; er war als Standardmodell oder mit »special equipment« zu bekommen. Die technischen Besonderheiten waren eine selbsttragende Karosserie und vordere Einzelradaufhängung. Der Motor hatte 2483 ccm Hubraum (damit hätte der Wagen eigentlich auch 2.5 Litre heißen können) und leistete 112 PS bei 5750/min.*

Limousinen, die Geschichte machten

daher. Vor allem war dieser Jaguar außerordentlich preisgünstig: »Value for money« lautete das Motto.

Alternativ zum 2.4 Litre bot Jaguar ab Februar 1957 einen 3.4 Litre an. Äußerlich ließen sich beide Modelle voneinander nicht unterscheiden.

Die zweite Generation dieses Jaguar, nun offiziell Mk. II genannt, debütierte auf der Londoner Automobilausstellung 1959. Eine etwas niedrigere Gürtellinie, größere Fensterflächen, eine schmalere B-Säule und zahlreiche Karosserie-Retuschen im Detail ließen den neuen Wagen noch eleganter, noch attraktiver erscheinen. Serienmäßig hatte der Wagen Dunlop-Scheibenbremsen; Overdrive oder Getriebeautomatik standen gegen Aufpreis zur Verfügung.

Neben den vom Vorgängermodell übernommenen Motoren stand nun auch der 220 PS starke 3781-ccm-Sechszylinder zur Wahl. Diese 200-km/h-Limousine des Typs 3.8 Litre – serienmäßig mit Sperrdifferential versehen

Rechts: *Das übersichtlich gestaltete Armaturenbrett des Jaguar 2.4 Litre.*

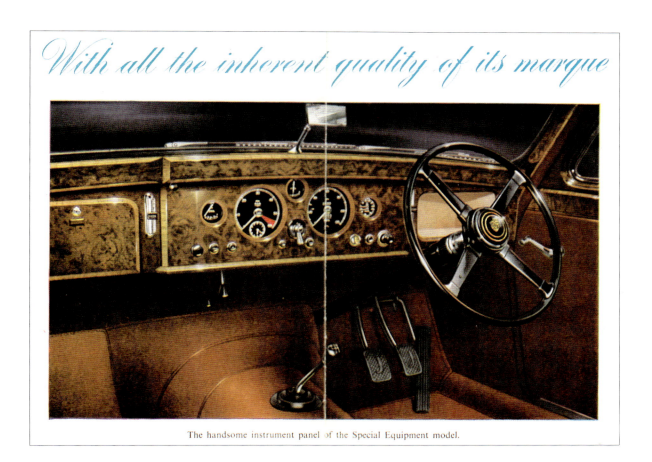

The handsome instrument panel of the Special Equipment model.

Jaguar – Werbung und Prospekte

Oben: Im Herbst 1957 kam zum 2.4 Litre das Modell 3.4 Litre hinzu, dessen Motor 3442 ccm Hubraum und eine Leistung von 162 PS aufwies. Im Jaguar XK 120 und XK 140 hatte dieses leistungsstarke Aggregat seine Qualitäten hinlänglich bewiesen. Knapp die Hälfte der 17.405 gebauten Wagen ging in den Export und wurde mit Linkslenkung versehen.

– galt lange Zeit als der schnellste Viertürer der Welt. Er fand von 1959 bis 1967 gut 30.000 Abnehmer; für den 2,4-Liter-Wagen entschieden sich im gleichen Zeitraum rund 25.000 Kunden, für den 3,4-Liter-Wagen 29.000.

Der großartige Klassiker Mk. II wurde in den letzten beiden Jahren in einer leicht abgemagerten Version gebaut und hieß in dieser Ausführung Jaguar 240 (1967-69) bzw. Jaguar 340 (1967-68). Rund 7000 Käufer begeisterten sich für diese Modelle, die dem Slogan »value for money« im besten Sinne entsprachen. Wie bei den anderen Versionen, bot Jaguar rechts- wie linksgelenkte Ausführungen an.

Zu erwähnen wäre aber auch der 1963 bis 1968 hergestellte Jaguar S-Type. Im Grunde war er ebenfalls ein Mk. II, nur in etwas luxuriöserer und längerer Ausführung mit größerem Kofferraum, Zweistufen-Scheibenwischer, Einzelsitzen mit Liegesitzbeschlägen und anderen Komfortattributen. Produziert in einer 3,4- und 3,8-Liter-Version, stellen diese Fahrzeuge in Sammlerkreisen heute sicher die begehrenswertesten Modelle der Mk.-II-Baureihe dar...

Und noch einen weiteren Mk. II hat es gegeben, der genau genommen keiner war, aber dessen Konturen, Fahrwerk und Ausstattung hatte: Dies war der Daimler V8 250.

Die Jaguar Cars Ltd. hatte im Jahre 1960 die Daimler Motor Company, 1896 in Coventry gegründet, übernommen und damit eine dringend benötigte Fertigungskapazität gewonnen. Zugleich trat Jaguar das Erbe einer Marke an, die zu den ältesten und bedeutendsten Großbritanniens zählte: Daimler war nicht zuletzt auch Lieferant der Krone. Seit 1899 zierte das königliche Wappen das Daimler-Emblem mit dem Zusatz: »By

Limousinen, die Geschichte machten

Appointment to His Majesty«. Daimler hatte 1926 den ersten in England gebauten V12, »Double Six« genannt, präsentiert, 1930 den ersten europäischen Wagen mit Getriebeautomatik und zur gleichen Zeit einen Sechszylinder mit gegossenem Leichtmetallblock.

Zu der jüngsten Daimler-Konstruktionen gehörte bei der Übernahme durch Jaguar ein 2,5 Liter V8-Motor, und mit diesem versah man nun auch eine Version des Mk. II. Ein weiterer Daimler, der sich länger als zwei Jahrzehnte (1968-1992) im Jaguar-Programm zu behaupten vermochte, war der große 4,2 Liter Prestigewagen mit Fond-Separation Nachfolger der barocken 4,5 Liter V8 Staatslimousine. Über weitere Modelle, die unter dem Markennamen Daimler ein Parallel-Dasein zu Jaguar-Automobilen führten, erfährt der Leser mehr in einem der nächsten Kapitel.

Rechts: *Titelseite des ersten Prospektes, der im Herbst 1957 den Jaguar 3.4 Litre ankündigte. Welch eine klassische Wagenfront!*

Unten: *Für den, der nur das Beste besitzen möchte, gebe es eben kein anderes Automobil als einen Jaguar, sagt dieser Werbetext aus…*

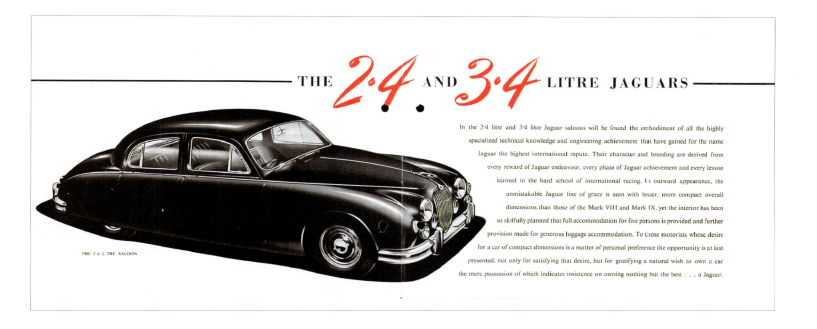

Links: Werbung für den Jaguar 3.4 Litre mit Blickrichtung auf den amerikanischen Markt, wie die Bezeichnung »Sedan« verrät – denn in England pflegte man ein solches Autos stets als »Saloon« zu bezeichnen.

Unten: Der Jaguar Mk. II (»Mark Two«) erschien 1959 als Weiterentwicklung der Modelle 2.4 Litre und 3.4 Litre. Zu beiden Motorvarianten kam ein 3781-ccm-Sechszylinder als 3.8 Litre hinzu, der 220 PS bei 5500/min leistete. Er machte aus dem Mk. II die schnellste und zugleich komfortabelste Reiselimousine auf dem europäischen Markt.

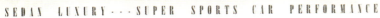

Limousinen, die Geschichte machten

Rechts: *Drei rasante Raubkatzen auf dem Cover: Katalog für die Modelle Jaguar Mk. II als 2.4, 3.4 und 3.8 Litre.*

Ganz rechts: *Passendes Ambiente für den Jaguar Mk. II. Aus einem Katalog von 1962.*

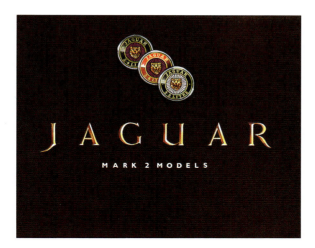

Rechts: *Elegant, zweckmäßig – und typisch Jaguar: Die Instrumententafel des Mk. II mit Getriebeautomatik. Die eingelegte Schaltstufe wurde auf einem Display auf der Lenksäule angezeigt. Eine Erfindung Daimlers, die auf das Jahr 1930 zurückgeht.*

Oben: Katalog für den eleganten Jaguar S-Type, den es mit 3,4- und 3,8-Liter-Motor gab.

Rechts: 1963 bis 1968 war der S-Type ein Zeitgenosse der Jaguar-Modelle Mk. II, Mk. X/420 und E-Type. Als Besonderheit wies der S-Type zwei separat zu befüllende Kraftstofftanks auf, ferner selbstnachstellende Scheibenbremsen, eine Fondheizung und einen größeren Kofferraum als beim Mk. II.

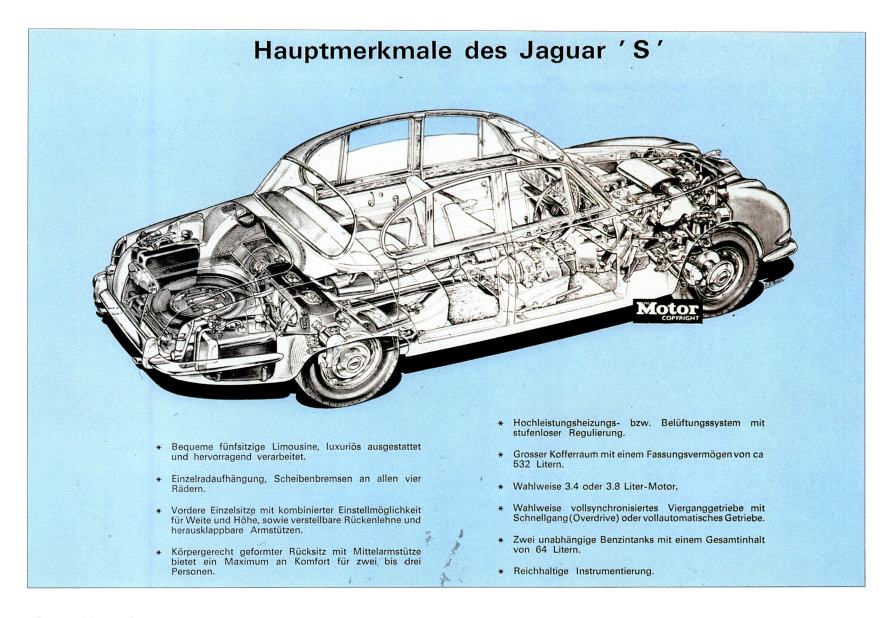

Hauptmerkmale des Jaguar 'S'

* Bequeme fünfsitzige Limousine, luxuriös ausgestattet und hervorragend verarbeitet.
* Einzelradaufhängung, Scheibenbremsen an allen vier Rädern.
* Vordere Einzelsitze mit kombinierter Einstellmöglichkeit für Weite und Höhe, sowie verstellbare Rückenlehne und herausklappbare Armstützen.
* Körpergerecht geformter Rücksitz mit Mittelarmstütze bietet ein Maximum an Komfort für zwei bis drei Personen.
* Hochleistungsheizungs- bzw. Belüftungssystem mit stufenloser Regulierung.
* Grosser Kofferraum mit einem Fassungsvermögen von ca 532 Litern.
* Wahlweise 3.4 oder 3.8 Liter-Motor.
* Wahlweise vollsynchronisiertes Vierganggetriebe mit Schnellgang (Overdrive) oder vollautomatisches Getriebe.
* Zwei unabhängige Benzintanks mit einem Gesamtinhalt von 64 Litern.
* Reichhaltige Instrumentierung.

Oben: *Die Vorzüge des Jaguar S-Type auf einem Katalogblatt von 1968.*

Jaguar – Werbung und Prospekte

Limousinen, die Geschichte machten

Links: *Der Jaguar S-Type in London. Mit einem Gesamtmaß von 4770 mm war dieses stattliche Automobil 180 mm länger als der Mk. II.*

Oben: *Im September 1968 veröffentlichter Katalog für den Nachfolger des Mk. II, den Jaguar 240. Äußerlich erkennbar ist dieses Modell an den schmaleren Stoßstangen und an Ziergittern, wo beim Mk. II die Weitstrahler sitzen.*

Jaguar – Werbung und Prospekte

Das Model 240, mit dem weltberühmten XK Motor mit zwei
obenliegenden Nockenwellen, der den Jaguars auf den Rennstrecken der
Welt Erfolg um Erfolg gebracht hat—einschliesslich fünf Rekordsiege
in Le Mans—bieten viele neue Finessen in Formgebung, Leistung und
technischer Ausführung.
Die neue Version des 2,4 Liter XK Motors für den Jaguar 240 entwickelt
jetzt nicht weniger als 133 PS und ist mit dem Zylinderkopf ausgestattet,
der auch in den GT-Wagen vom Typ 'E' verwendet werden; ferner mit S.U.
Doppelvergasern und zwei Auspuffleitungen.
Dieses Model ist mit dem Viergang-Vollsynchrongetriebe mit oder ohne
Overdrive oder mit der Borg-Warner 35 Automatik mit
Drehmomentwandler lieferbar. Zur Standardausrüstung gehören
Scheibenbremsen mit Servohilfe an allen vier Rädern, reich instrumentiertes
Armaturenbrett, hochwirksame Heiz- und Defrosteranlage, Scheibenwischer
mit zwei Geschwindigkeiten und elektrische Scheibenwaschanlage.
In ihrer technischen Vollkommenheit und luxuriösen Ausführung entspricht
dieses Model der Jaguar-Tradition von hoher Leistung bei hoher
Qualität.

Oben: *Bei dieser Katalogabbildung des Jaguar 240 zieren wieder Zusatzscheinwerfer die Wagenfront: Optional erhielt man alle Extras, die der Jaguar Mk. II serienmäßig hatte.*

Limousinen, die Geschichte machten

Rechts: *Der bewährte Motor im Jaguar 240, 135 PS bei 5500/min stark. Das Drehmoment des dohc-Sechszylinders war ausgezeichnet, doch hohe Tourenzahlen schlugen sich in einem unmäßigen Kraftstoffkonsum nieder. Beim Modell 340 mit 213 PS war es nicht anders, doch dessen enorme Kraftentfaltung im unteren Drehzahlbereich machte ein Hochdrehen über 4000/min kaum je erforderlich.*

Der Jaguar XK Motor wird auf der ganzen Welt als perfekter Ausdruck technischer Leistungsfähigkeit anerkannt. Er enthält alles, was beim heutigen Stand der fortschrittlichen Technik bei der Konstruktion von Automotoren erstrebenswert ist. Die beiden obenliegenden Nockenwellen wirken direkt auf die Ventile, die in einem Winkel von 70° in die halbkugelförmigen Verbrennungskammern hängen, die in dem Hochleistungszylinderkopf aus Aluminium untergebracht sind. Die gut ausgewogene massive Kurbelwelle ist auf sieben ungewöhnlich grossen Lagern von 2 3/4 Zoll Durchmesser gelagert. Damit ist ruhiger Lauf im ausserordentlich weiten Drehzahlbereich des Motors gegeben. In jeder Phase der Herstellung und des Zusammenbaus werden die strengsten Prüfungen vorgenommen. *Jeder* Motor wird genau auf dem Prüfstand getestet. Es gibt auf der ganzen Welt keinen Motor, der sich einen besseren Ruf für Langlebigkeit und hundertprozentige Verlässlichkeit unter allen Bedingungen erworben hätte, als der Jaguar XK Motor. Er wurde zum Masstab, nach dem andere Automotoren beurteilt werden.
Abgebildet 2,4 Liter Motor des Jaguar 240. Hubraum 2485 ccm, 133 Brems-PS bei 5500 U/m.

Links: *Lederpolster gab es im Interieur des Jaguar 240 nur gegen Aufpreis; serienmäßig waren die Sitze mit Kunstleder bezogen.*

KAPITEL 3

DIE LEGENDE VOM JAGUAR E-TYPE

Wohl kaum ein anderer europäischer Sportwagen hat so viele enthusiastische Liebhaber gefunden wie der Jaguar E-Type.

War schon ein Jaguar der XK-Serie ein aufregendes Fahrzeug, dessen Faszination selbst überzeugte Mercedes-Freunde sich nicht zu entziehen vermochten, so erfüllten sich die Erwartungen an seinen Nachfolger, im März 1961 auf dem Genfer Automobilsalon präsentiert, in ganz besonderem Maße.

Links: *Mit dieser schlichten Notiz informierte Jaguar im März 1961 die Presse über die Präsentation des E-Type. Man bezeichnete ihn als einen G.T. (Grand Touring) – und als den »fortschrittlichsten Sportwagen der Welt«. Nettopreis des Roadsters: 1480 Pfund Sterling, das entsprach 1961 rund 17.000 Mark. Käufer in England hatten allerdings mehr als 600 Pfund, umgerechnet 6700 Mark, »Purchase Tax« (Kaufsteuer) draufzulegen.*

Von Anfang gab es den E-Type als offenen Zweisitzer (Open Tourer Sports – OTS) und als Coupé (Fixed Head Coupé – FHC). Einige seiner signifikanten Details waren die in der langen Motorhaube unter Plexiabdeckungen eingelassenen Scheinwerfer sowie die verhältnismäßig breite, großzügig verglaste, seitlich angeschlagene Heckür, die das Laden und Entnehmen von Reisegepäck sehr viel leichter machte als bei jenen Coupés, deren Heckpartie man erst nach dem Umlegen der Rückenlehnen erreichte.

Auch in vielerlei anderer Hinsicht war das Coupé attraktiv, praktisch und überhaupt ein Sportwagen mit »Pfiff«. Eine große Zahl von Jaguar-Freunden neigt der Ansicht zu, seine Linien seien schöner als die des offenen Wagens.

Versehen mit der noch immer höchst aktuellen dohc-Sechszylindermaschine von 3,8 Liter Hubraum, war die erste Version des Jaguar E-Type, wie es ihn von 1961 bis 1964 gab, eine 240-km/h-Rakete. Der offene Wagen (Open Tourer Sports) brachte nur 1118 kg auf die Waage, für 265 PS kein schlechter Wert. Mit seiner selbsttragenden Karosserie, Einzelradaufhängung und Scheibenbremsen an allen vier Rädern war der E-Type jedem kontinentalen Konkurrenten seiner Klasse überlegen. Ab Herbst 1962 gab es für OTS auch ein aufsetzbares Hardtop; es stand dem Fahrzeug wirklich ausgezeichnet.

Oben: Eine der ersten offiziellen Werksaufnahmen, die Jaguar 1961 vom E-Type Coupé veröffentlichte. Auch auf dem Titel der Zeitschrift The Autocar vom 14. April 1961 war das Foto zu sehen. Dieser Wagen existiert übrigens noch, restauriert vom Jaguar-Historiker Philip Porter.

Jaguar – Werbung und Prospekte

Links: Farbiges Inserat, das im Sommer 1962 in der Motor Revue erschien. Alleinimporteur für Deutschland war der auch im Motorsport erfolgreiche Peter Lindner.

Unten: Jaguar-Anzeige aus dem Jahre 1965.

Die zunächst als so charakteristisch empfundene Abdeckung der Scheinwerfer entfiel ab Ende 1967, und vom Oktober 1968 an bekam der E-Type in der 2. Serie auch eine Bugpartie mit etwas größerem Lufteinlaß, dessen Chrombügel sich bis in die Flanken der Haube herumzog. Zugleich wanderten die Scheinwerfer in ihren Sitzen ein wenig nach vorn. Ferner gab es größere Bremsleuchten und auf Wunsch verchromte Stahlfelgen.

Im Oktober 1964 hatte auch ein neuer, größerer Motor im E-Type für Aufsehen gesorgt. Er leistete zwar nicht mehr als der 3,8 Liter, hatte jedoch bei 4,2 Liter Hubraum ein kräftigeres Drehmoment zu bieten und auch mehr Elastizität. Wahlweise gab es dieses Aggregat in Kombination mit einer Getriebeautomatik.

Ab März 1966 stellte Jaguar ein mit etwas größerem Radstand versehenes Viersitzer-Coupé vor. Es lief unter der Bezeichnung 2+2 und war auf den ersten Blick an seiner steiler geneigten Frontscheibe zu erkennen. Dieses Modell wurde hauptsächlich in den USA angeboten, wo es eine zunehmende Nachfrage nach einem viersitzigen Jaguar-Sportwagen zu verzeichnen gab.

Der 4,2 Liter E-Type erschien 1968 in einer zweiten, überarbeiteten Serie, bei der die 2+2-Ausführung eine Windschutzscheibe bekam, die nun wieder etwas flacher geneigt war. Auch im Interieur hatte sich einiges verändert, und um den strengen US-Abgasnormen zu entsprechen, versah man die Motoren der Exportfahrzeuge für Amerika mit Stromberg- statt SU-Vergasern. Allerdings nahm die auf 230 PS gedrosselte Motorleistung diesem E-Type einiges von seiner Rasanz, vor allem, wenn er mit einer Getriebeautomatik versehen war.

Rechts: *In der Schweiz erschienenes Farbinserat vom Sommer 1965 für den Jaguar E-Type 2+2 mit der Leistungsangabe in CV. Die Emil Frey AG bot diesen Wagen ebenso wie auch die anderen Jaguar-Modelle an, während man den gleichzeitig offerierten Daimler 4.2 Sovereign in der Schweiz nur über die Genfer Garage Place Claparède bekam. Daimler gehörte ab 1960 zwar zu Jaguar, doch noch galten für beide Marken getrennte Importeursverträge älteren Datums.*

Jaguar – Werbung und Prospekte

Im März 1971 stellte Jaguar einen E-Type mit V12-Motor vor. Aus 5343 ccm Hubraum (vier Zenith-Vergaser) resultierten 272 PS bei 5850 Touren. Da dieses Fahrzeug aber auch ein stattliches Leergewicht von 1558 kg aufwies, war es letzterendes nicht schneller als der Sechszylinder. Doch der Gewinn an Prestige war ungeheuer – wer außer Ferrari und Lamborghini bot schon einen Zwölfzylinder an?

Von allen E-Type-Modellen baute Jaguar insgesamt 75.520 Stück; 87 Prozent davon gingen in den Export. Der von 1971 bis 1975 hergestellte V12 der sogenanten Serie 3 (OTS und 2+2) ist darin mit 15.287 Exemplaren enthalten.

Links: Den E-Type stellte so mancher Zubehörhersteller diskret in den Hintergrund seiner Werbefotos wie auf diesem, das die Firma Simon Green 1968 veröffentlichte.

Rechts: Nach den E-Type-Modellen 3.8, 4.2 und 4.2 Serie II erschien im Frühjahr 1971 der sensationelle E-Type Serie III (auch Serie 3 geschrieben) mit V12-Motor. Mit seinen 5,3 Liter Hubraum leistete das Aggregat 268 PS und beschleunigte den Wagen auf knapp 240 km/h.

Ganz rechts: Sehr schnell, sehr komfortabel, sehr sicher: Der Jaguar E-Type V12 in einem Prospekt für die USA, wo er viele Freunde fand.

Die Legende vom Jaguar E-Type

Zweifellos gehört der E-Type zu den berühmtesten Sportwagen, die je in Großbritannien gebaut wurden, und da seir Preis – er betrug 1961 für den Sechszylinder Roadster 25.000 Mark, 1974 für den offenen V12 41.000 Mark – stets in bezahlbaren Regionen blieb, war dieses Auto nicht etwa nur einer kleinen, vermögenden Elite vorbehalten. Im Motorsport qualifizierten sich Standard- wie Spezialausführungen des E-Type ebenfalls mit großem Erfolg, was aber für den Grad seiner Popularität als Großserienfahrzeug nicht allzu entscheidend gewesen sein dürfte: Ein verkappter Rennwagen, auf Straßentauglichkeit à la Ford GT40 modifiziert, war dieser Jaguar keineswegs. Aber er hatte in mancher Hinsicht dessen Qualitäten, beinahe auch dessen Benzindurst, und er war ein wundervolles Spielzeug für große Jungen, die einfach nicht erwachsen werden wollten.

New features of the Series 3 E-Type

* A new JAGUAR ENGINE – the 5.3 litre V12 to supplement the 4.2 litre six cylinder 'XK' engine.
* A new version of the ROADSTER – with the 2+2 coupé wheelbase. Longer, roomier and with increased luggage space.
* ANTI-DIVE front suspension geometry – provides improved roadholding, particularly under braking.
* WIDER TRACK – for even higher standard of roadholding and cornering.
* DISC BRAKES – improved cooling by use of ventilated discs at the front and air scoops at the rear to match the performance of the car.
* STEERING – rack and pinion with power assistance standard. All models have new dished steering wheel with leather covered rim; collapsible upper and lower columns for safety; new rack mounting for even better response.
* HEATING AND DEMISTING – improved, high capacity system. Through-flow ventilation on 2+2 and hardtop models.
* TURNING CIRCLE – improved to 36 ft.
* FUEL TANK – increased to 18 gallons capacity.
* AUTOMATIC TRANSMISSION – now offered on roadster as well as 2+2 coupé.

PLUS A LARGE NUMBER OF PRIMARY AND SECONDARY SAFETY FEATURES

Jaguar – Werbung und Prospekte

Unten: *Aus welchem Winkel man das E-Type Coupé 2+2 auch fotografierte: Es hatte eigentlich nur Schokoladenseiten. Das Design der Karosserie stammte von dem Stylisten Malcolm Sayers, der nicht alle Ansichten über Formgestaltung mit seinem Chef William Lyons teilte, aber zu den wenigen gehörte, die ihre Argumente bei ihm durchzusetzen verstanden.*

Oben: *Aus einem drei-sprachigen Jaguar-Katalog von 1972.*

Die Legende vom Jaguar E-Type

Links: 1973 veröffentlichtes Inserat der inzwischen zum deutschen Jaguar-Importeur avancierten Firma Brüggemann in Düsseldorf. Die Marke Jaguar gehörte jetzt zum BL-Konzern.

Oben: Datenblatt aus einem deutschsprachigen E-Type-Katalog. Gegen Aufpreis gab es die damals noch nicht obligatorischen Sicherheitsgurte, ferner getönte Scheiben, Chromfelgen, ein Hardtop für den Roadster sowie Getriebeautomatik.

47

KAPITEL 4

PRESTIGE, STIL UND PERFEKTION

Die Einführung der neuen Limousinen-Serie 2.4 und 3.4 Litre alias Mk. I in neuer Bauweise, nämlich mit selbsttragender Karosserie, war ein Bekenntnis des Hauses Jaguar zur neuen Zeit. Technischer Fortschritt und britisches Traditionsbewußtsein standen bei Jaguar wie bei vielen anderen Automobilherstellern der englischen Spitzenklasse – Aston Martin, Bristol, Rolls-Royce/Bentley – häufig im Widerstreit, den dann meist eine dritte Komponente gewann: Die Ästhetik. Doch beim 1961 vorgestellten Jaguar Mk. X – auch Mk. 10 geschrieben – stimmte einfach alles. Dieses Modell verkörperte einen hohen Standard in der Technik, entsprach in der Ausstattung klassisch-konservativen Ansprüchen (die eine treue Jaguar-Klientel auch außerhalb des englischen Marktes zu schätzen wußte) und setzte im Karosseriedesign zudem Maßstäbe, die über Jahrzehnte ihre Gültigkeit behalten sollten.

Selbst der 1996er Jahrgang der XJ-Serie enthält noch eine große Zahl formaler Komponenten, die den Mk. X in seinen Proportionen so harmonisch wirken ließen. Die gestreckten, niedrigen Linien, die Doppelscheinwerfer, die großzügige Verglasung distanzierten dieses Modell nicht nur von seinen Vorgängern, sondern auch von allen anderen großen Sechszylindern jener Zeit.

Die mit drei SU-Vergasern versehene 3,8-Liter-Maschine aus dem XK 150 S, 223 PS stark, verlieh dem Viertürer eine Höchstgeschwindigkeit von 190 km/h. Ringsum wies der Mk. X Einzelradaufhängung und

Unten: *Titelblatt eines ringgehefteten Kataloges, der den Jaguar Mk. X (»Mark Ten«) 4.2 Litre beschreibt. Die grafische Darstellung des Wagens läßt ihn ein wenig gestreckter als in natura erscheinen...*

Scheibenbremsen auf (vorn Dreieckslenker mit Schraubenfedern und Kurvenstabilisator, hinten Längslenker, gegabelte Führungsarme unten und je zwei Schraubenfedern). Die Karosserie war nun, wie bei den Modellen Mk. I/II, selbsttragend, und eine Servolenkung wies der Wagen ebenso serienmäßig auf wie einen Overdrive, zumindest im Export.

Dieser Limousine durfte man höchste technische Reife bescheinigen. 1964 gab es indes noch eine Steigerung: Wie der E-Type, erhielt der Wagen die größere 4,2-Liter

Prestige, Stil und Perfektion

Rechts: *Grace, space, pace: Mit diesen Begriffen identifizierte sich Jaguar schon immer gern, und man benutzt sie auch heute noch. Sinngemäß stehen sie für Eleganz, viel Platz und technischen Fortschritt. In deutschen Inseraten lautete der Slogan: Schnell, sicher, luxuriös.*

Grace…space…pace

… three words which characterise the many attributes of the Jaguar Mark Ten, all of which are corroborated by the National and Technical Press in road tests and reports. A few extracts are reproduced below.

"… the luxury of the Mark Ten's 100 m.p.h. cruising on a motorway approaches the refinement and isolation from one's surroundings that goes with modern air travel". (*Autocar*). "The combination of the 4.2 engine and the new type 8 Borg Warner transmission gives a smooth, silent surge of power which puts the car in the magic carpet class". (*Observer*). "… the Jaguar Mark X must have just about the best braking system available on any production car …" (*Top Gear*). "The stability and cornering power of the all-independent suspension would do credit to a sports car of half the size …" (*Motor*). "At very high speeds braking efficiency is most comforting … similarly the power steering is exceptional". (*Country Life*). "The body, both inside and out, is the same graceful style—beautiful yet reserved, ultra modern and yet classical and, most important, functional". (*Observer*). "One hundred and twenty m.p.h. in quiet luxury". (*Motor*). "It is superbly built and goes very fast in safety and comfort". (Stirling Moss—"The Queen"). "The 4.2 Mark 10 glides away from the kerbside—seems still to be strolling at 80 m.p.h. and cruises pleasantly down the motorway at 100 m.p.h.—Progress at all speeds is effortless—Surely there cannot be better value for money anywhere in the world—The standard of interior comfort and finish set by Jaguar is a byword. The 4.2 Mark 10 lives up to the tradition in every way". (*Sunday Times*). "… but while it is fast it is also exceptionally safe because it has power to spare". (*Top Gear*). "Altogether a car to enhance even Jaguar's reputation". (*Financial Times*).

Jaguar – Werbung und Prospekte

Maschine (4235 ccm), und in einer dritten Serie – mit längerem Radstand – eine Lenkung, die als Varamatic bezeichnet wurde: Je nach Einschlag wartete sie mit einem progessiven Übersetzungsverhältnis auf.

Die letzten beiden Serien des Mk. X wurden unter der Bezeichnung 420 und 420G verkauft. Die Langversion bot

Unten: *Komfort, Luxus, Behaglichkeit! Die vorderen und hinteren Sitze haben ausklappbare Mittelarmlehnen, es gibt Picknick-Klapptischchen in den Rückenlehnen und jede Menge Instrumente.*

Rechts: *Liegesitzbeschläge, Makeup-Spiegel für den Fond, ein leicht zugängliches Reserverad mit Schutzdecke: Im Jaguar Mk. X blieb kein Wunsch unerfüllt.*

Prestige, Stil und Perfektion

Reclining type front seats are fitted as standard equipment and have a combined height and reach adjustment providing an extremely wide range of positions of which three are shown above.

Flush-fitting, polished walnut picnic tables, incorporated in the backs of the front seats, have large rectangular vanity mirrors set at exactly the right height and angle for instant use.

The luggage boot has a volume of 27 cubic feet excluding the space taken by the spare wheel and tool container. These are readily accessible without disturbing the luggage. The boot and spare wheel are fully trimmed in order to protect luggage.

Centrally placed for ease of reach by driver or passenger the selective car temperature control gives improved distribution of hot or cold air, has individual variable temperature and volume controls for each side of the car and selectors for directing the air flow to the upper or lower regions of the left and right hand sides of the front compartment independently. A separate on/off air flow switch is provided in the rear compartment.

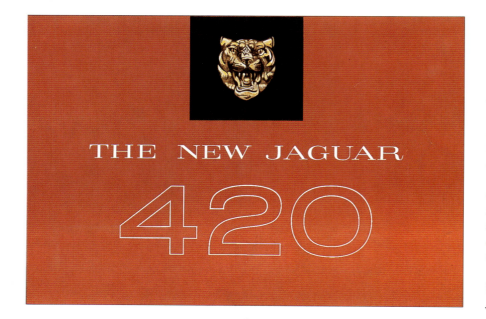

sich für den Einbau einer Separation an (eine Option, die aber nur an 28 Fahrzeugen vorgenommen wurde). Vom Mk. X, 420 und 420G wurden insgesamt 24.268 Exemplare ausgeliefert; 3804 gab es – mit anderem Kühler und noch feinerer Ausstattung – in Daimler-Version.

Den 420G mit langem Radstand bot Jaguar noch im Jahre 1970 an. Zwar lieferte man ihn nur mehr gegen langfristige Vorbestellung, aber das Auto überlebte den im Herbst 1968 eingeführten Jaguar XJ6, seinen designierten Nachfolger, doch um zwei Jahre. Den Motor gab es im pompösen Nobel-Daimler DS 420 sogar noch bis 1992. Dem E-Type war ein derartiges Schicksal leider nicht beschieden: Als man dieses Modell im Februar 1975 vom Band nahm, weil es sich überlebt hatte, war ein dreiviertel Jahr lang kein adäquater Sportwagen im Jaguar-Programm enthalten...

Oben: Technische Information in Gegenüberstellung mit dem Styling. Es gebe genug Gründe, sich einen Mk. X anzuschaffen, heißt es dort. Auf dem deutschen Markt konkurrierte dieser Jaguar preislich mit dem Mercedes-Benz 300 SE in Langversion mit Getriebeautomatik.

Links: Prospekt für den Jaguar 420 von 1965.

Prestige, Stil und Perfektion

Links: *Ab 1966 gab es neben dem Jaguar 420 das Modell 420G mit etwas stärkerem Motor und einer Menge serienmäßiger Extras, die beim 420 nur gegen Aufpreis geliefert wurden.*

Rechts: *Auf Wunsch bekam man den Jaguar 420 mit Varamatik-Lenkung, die je nach Lenkeinschlag progressiv wirkte. Jüngste Errungenschaften: Eine Wechselstrom-Lichtmaschine und Zweikreisbremsen.*

Jaguar – Werbung und Prospekte

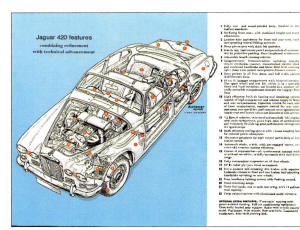

Oben: *Der Jaguar 420 kostete in Deutschland 1968 rund 26.000 Mark, der 420G knapp 30.000. Die meisten Exportfahrzeuge gingen nach wie vor in die USA, dort war der Markt für europäische Luxusautos noch immer aufnahmefähig. Hinzu kam ein günstiges Währungsgefälle, das ausländische Wagen in den Staaten recht erschwinglich machte.*

Links: *In diesem Katalog werden die Besonderheiten des Jaguar 420 herausgestellt.*

Prestige, Stil und Perfektion

The variable height and reach of the reclinable front seats, together with the telescopically adjustable steering column, enable every driver to select the most comfortable driving position. Separate ducting carries fresh air heating to the rear compartment for which there is a separate ON/OFF switch. The instrument panel, door cappings and window surrounds are in beautifully matched polished walnut which completes the splendour of the 420 G interior. Details of the comprehensive instrumentation are given in the specification in the back of this brochure.

Oben: *Das Interieur des 420/ 420G unterscheidet sich kaum von dem des Jaguar Mk. X. Schon damals gab es bei Jaguar übrigens ein axial verstellbares Lenkrad. Holz und Leder dominieren bei der noblen Innenarchitektur des Jaguar, eine Tradition, der man stets treu blieb.*

KAPITEL 5

JAGUAR- UND DAIMLER-KLASSIKER MIT SECHS UND ZWÖLF ZYLINDERN

Links: Der Jaguar XJ6 kam 1968 als British-Leyland-Produkt auf den Markt. In Deutschland wurden die BL-Marken, zu denen auch MG, Austin, Morris und Triumph gehörten, durch Brüggemann & Co. vertrieben. Der Grundpreis des 4,2 Liter Jaguar betrug bei seiner Einführung 30.738 Mark. Die 2,8-Liter-Ausführung wurde in Deutschland nicht angeboten.

Bereits bei der Vorstellung des Mk. X im Jahre 1961 hatte man bei Jaguar die Arbeiten an dessen Nachfolger in Angriff genommen. Die Aufgabe lautete, einen geräumigen Viertürer zu schaffen, der in Fortschreibung des hohen technischen Niveaus mehr Rücksicht auf wirtschaftliche Aspekte nahm, dabei dennoch einen hohen Prestigewert verkörperte – und ein typischer Jaguar bleiben sollte.

1966 hatte sich die Firma Jaguar der British Motor Corporation (BMC) angeschlossen, was zur Gründung der British Motor Holdings führte, Vorläufer des staatlich gelenkten British-Leyland-Konzerns (BL). Erst 1984 wurden die Weichen gestellt, die Jaguar wieder zu einem Privatunternehmen machten. In der Zwischenzeit stand es oftmals nicht gut um die Geschäfte, und viele traditionsreiche Marken der großen Gruppe verschwanden in der Versenkung. Auch bei Jaguar gab es Perioden langanhaltender Krisen, auch in der Fertigung. Von Kunden, die der Marke Jaguar dennoch stets Loyalität zeigten und ihr die Treue hielten, wurden sie durch eine spürbare Qualitätsminderung registriert – ein Manko, das ab Mitte der achtziger Jahre nach und nach überwunden wurde. Zahl und Umfang der Garantieansprüche, der Nachbesserungen und Kulanzgewährungen nahm stetig ab.

Sir William Lyons trat 1972 in den verdienten Ruhestand; 1985 verstarb er. Seine Nachfolge trat zunächst F.R.W. »Lofty« England an; er wurde 1980 von

Jaguar- und Daimler-Klassiker mit sechs und zwölf Zylindern

John Egan abgelöst, der dann auch die Reprivatisierung der Firma einleitete. Wie Lyons dreißig Jahre zuvor, widerfuhr ihm 1986 die Ehre, von der Queen in den Adelsstand erhoben zu werden.

Der im Oktober 1968 als Nachfolger des Mk. X alias 420 noch von Lyons vorgestellte und maßgeblich von ihm mitgestaltete Jaguar XJ6 markierte den Weg in eine neue Automobil-Dimension. Wahlweise gab es einen Sechszylinder mit 2,8 oder mit 4,2 Liter Hubraum, und selbstverständlich hatte das Auto Scheibenbremsen (hinten jetzt innenliegend), Einzelradaufhängung und eine geräumige, viertürige Karosserie in selbsttragender Bauweise. Ab Herbst 1972 erhielt man den XJ6 auch mit längerem Radstand, 1975 serienmäßig mit Servolenkung. Im gleichen Jahr kam anstelle des 2,8-Liter-Motors ein neuer Sechszylinder mit 3,5 Liter Hubraum ins Programm, basierend auf dem 3442-ccm-Aggregat aus dem guten alten Mk. VIII.

Links: *Ein Gentleman, fürwahr. Der Jaguar XJ6 sah gut aus, bot jeglichen nur wünschenswerten Komfort und beeindruckte durch hohe Leistung.*

Nur in wenigen Details lassen sich die XJ6-Limousinen der ersten (1968 - 73), der zweiten (1973 - 79) und der dritten Serie (1979 - 92) voneinander unterscheiden, beispielsweise an der Form und der Größe des Kühlergrills. Hiervon und vom Wechsel der Motorengeneration abgesehen, erlebte während dieser zweieinhalb Jahrzehnte das Interieur die stärksten Veränderungen. Selbstverständlich gab es den XJ6 stets auch als Daimler.

Im Juli 1972 stellte Jaguar den XJ12 vor. Der Hochleistungswagen hatte den Zwölfzylinder des E-Type unter der Haube und war ausschließlich mit automatischem Getriebe erhältlich. Die Fachwelt war begeistert – und Jaguar hatte ein neues Flaggschiff in der Flotte. Den XJ12 unterzog man allen Faceliftings, die im Laufe der Zeit der XJ6 erhielt.

Unten: *Die Technik des XJ6: Man konnte sich für ein Vierganggetriebe mit Overdrive entscheiden oder für eine Dreistufen-Automatik von Borg-Warner. Mit 4813 mm Gesamtlänge war der kompakt gehaltene XJ6 317 mm kürzer als der 420G.*

Ab April 1975 bekam der Motor eine elektronische Kraftstoffeinspritzung von Bosch-Bendix-Lucas, die im März 1981 von einer digitalen, computergesteuerten Anlage abgelöst wurde. Wie den XJ6, gab es auch den XJ12 in einer Daimler-Ausführung: Sie trug, wie schon der klassische Daimler V12 der dreißiger Jahre, die Bezeichnung »Double Six«.

Vom Sommer 1974 an konnten sich Jaguar-Liebhaber für eine interessante Alternative zum Viertürer entscheiden. Bei diesem Fahrzeug handelte es sich um ein elegantes 2+2-Coupé, genannt XJ-C und mit Sechs- oder Zwölfzylindermotor zu bekommen. Das extravagante, 220 km/h schnelle Coupé gab es bis 1978 in nur 8400 Exemplaren: Sein Raritäts- und Liebhaberwert war somit programmiert.

Jaguar- und Daimler-Klassiker mit sechs und zwölf Zylindern

Its body and chassis are one integral whole, strong yet light, and with a line which flows with princely elegance from front grille to rear bumper.

Oben: *Die Daimler-Modellbezeichnung Sovereign hatte es bereits in den fünfziger Jahren gegeben; British Leyland ließ sie als noble Jaguar XJ-Variante wieder aufleben.*

Rechts: *Daimler Sovereign alias Jaguar XJ6 Serie I, gebaut von 1969 bis 1973.*

Jaguar – Werbung und Prospekte

Links: *Der Text dieser Katalogseite sagt aus, ursprünglich sei der V12-Motor auf 500 PS ausgelegt gewesen. Eine Angabe, die sich vermutlich auf jenen Zwölfzylinder mit vier (!) obenliegenden Nockenwellen und Trockensumpfschmierung bezieht, der bereits 1966 entstanden war und im Rennsport-Prototyp XJ13 probelief. Dieser 5-Liter-V12 hatte tatsächlich satte 500 PS, ging aber nicht in Serie.*

Unten: *Im Juli 1972 stellte Jaguar die XJ-Limousine mit V12-Motor vor. Das aufwendige 5343-ccm-Aggregat hatte sich bereits im E-Type bewährt. Der XJ12 wurde nur mit Getriebeautomatik geliefert. Unter der Modellbezeichnung Daimler Double Six Vanden Plas wird das edle Fahrzeug mit verlängerten Radstand geliefert.*

Jaguar- und Daimler-Klassiker mit sechs und zwölf Zylindern

Oben: *Titelblatt eines Jaguar-Kataloges von 1972.*

Jaguar – Werbung und Prospekte

Links: *Die Zwölfzylindermaschine des Jaguar XJ12 wies eine zentrale Nockenwelle pro Zylinderbank und vier Zenith-Vergaser auf.*

Oben: *Katalogaufnahme eines 1972er Jaguar XJ12.*

Rechts: *Aus einem Katalog für den XJ der Serie II, die ab 1973 mit größerem Radstand und noch mehr Komfort angeboten wurde.*

Die Geburt der Jaguar XJ Serie 2 ist der natürliche Höhepunkt der berühmten, traditionsreichen Automobilherstellung bei Jaguar. Diese Serie repräsentiert die letzte Verfeinerung der Jaguar XJ-Modellreihe.

Der Radstand ist um 10 Zentimeter verlängert worden und beschert eine große Raumfülle im Fußraum für die Rücksitz-Passagiere. Zur persönlichen Freude des Fahrers ist das Armaturenbrett neu gestylt worden, und alle wichtigen Instrumente wurden genau im Blickfeld angeordnet.

Zur zusätzlichen Sicherung aller Insassen haben die Türen an den strategisch wichtigen Stellen Schutzstreben gegen seitliche Kollisionen erhalten.

Aber abgesehen von alledem möchten Sie vielleicht einen Jaguar XJ Serie 2 nur einfach darum besitzen, weil er ein Jaguar ist. Welche Automarke hat eine solche Ausstrahlung — welches andere Auto sagt schon soviel durch seine bloße Erscheinung.

Jaguar – Werbung und Prospekte

Rechts: *Besonders attraktiv war der XJ-C auf Basis der XJ Limousine der Serie II. Der Zweitürer wurde 1974 bis 1978 gebaut und war mit dem 4,2-Liter-Sechszylinder oder dem 5,3 Liter großen V12 zu haben.*

Rechts: *Der XJ-C in passendem Ambiente. Es gab den Zweitürer auch als Daimler Sovereign (sechs Zylinder) bzw. Daimler Double Six (zwölf Zylinder).*

Jaguar- und Daimler-Klassiker mit sechs und zwölf Zylindern

Links oben: *Im Fond des XJ-C ging es nicht ganz so geräumig zu, wie diese Katalogabbildung vermuten lassen könnte. Dennoch war der Wagen ein Viersitzer.*

Links unten: *Aus einem Katalog für den Jaguar XJ12 Serie II aus dem Jahr 1977. Die Aussage, daß viele dieses Automobil einfach nur besitzen wollen, »weil es ein Jaguar ist«, verleitete den damaligen Verkaufschef zu der Bemerkung: »Zehn Prozent unserer Produktion könnten wir bei Jaguar-Fans absetzen, denen es einerlei ist, ob der Wagen einen Motor hat oder nicht... sie stellen sich das Fahrzeug ohnedies nur zum Streicheln in die Garage!«*

Jaguar – Werbung und Prospekte

Rechts: *Aus einem 1977er Katalog für das Coupé XJ-C 5.3 Litre. Die Modellbezeichnungen variierten; hier lautet sie XJ 5.3 C.*

Unten: *In vielen Details erfuhr der von 1973 bis 1979 gebaute XJ der Serie II Veränderungen, hauptsächlich im Interieur.*

Die Geburt der XJ-Serie 2 ist die natürliche Fortführung eines langen, berühmten Stammbaumes.

Als das freudigste Ereignis dieser neuen XJ-Familie wurde der XJ 5.3 C gefeiert.

Dieses lang ersehnte Modell repräsentiert den Jaguar in seiner edelsten Form.

Ein zweitüriges Coupé, mühelos angetrieben von der kraftvollen V 12-Maschine.

Schon der erste Blick auf den XJ 5.3 C ist beeindruckend.

Die reizvolle Silhouette ist unverkennbar Jaguar.

Aber nicht nur das – die fließend elegante Linie wird dezent unterstrichen durch die Länge der Coupé-Türen.

Sicherheit ist jedem Jaguar angeboren. Nach guter Jaguar-Tradition wurde aber auch sie noch weiter vervollkommnet. Spezial-Verstärkungen in den Türen bilden einen soliden Schutz.

Von einem Coupé dieser Klasse erwarten Sie mit Recht, daß Ihre Fahrgäste im Fond keine Opfer an Bequemlichkeit bringen müssen.

Das XJ 5.3 Coupé bietet ungewöhnlich viel Freiraum für die Beine. Dank der langen Türen läßt es sich auch hinten bequem ein- und aussteigen.

Das Coupé der XJ-Serie 2 gibt es auch mit der rassigen 4,2 Liter 6-Zylinder-Maschine — als Reverenz an seine vielen Bewunderer.

Die kraftvoll-geschmeidige V 12-Maschine wurde mit einer elektronisch gesteuerten Einspritz-Anlage versehen (Jetronic).

Der XJ 5.3 C hat den Komfort einer serienmäßigen Vollautomatik.

Bei dem XJ 4.2 C können Sie wählen zwischen Handschaltung mit zuschaltbarem Overdrive oder Vollautomatik.

Die Armaturen sind neu gestaltet und liegen in Ihrem Blickfeld — gut zu übersehen durch das neue Zweispeichen-Lenkrad. Gleichzeitig wurde ein komplettes neues Heiz- und Ventilations-System in das Armaturenbrett integriert. Nichts wurde dem Zufall überlassen beim Jaguar 5·3.

Ein einzelner Schalter schließt alle Türen gleichzeitig.

Ebenso bequem können Sie per Schalter die Fenster elektrisch bedienen. Selbstverständlich 1 Jahr Garantie ohne km-Begrenzung.

Jaguar- und Daimler-Klassiker mit sechs und zwölf Zylindern

Unten: 1978 war das Jahr, in welchem 15.422 XJ-Limousinen vom Band liefen – das bedeutete eine fast fünfzigprozentige Steigerung gegenüber 1977.

Rechts: Werbung für den Jaguar XJ Serie II, veröffentlicht in einem 1978er Katalog.

Jaguar – Werbung und Prospekte

Feudalität

Die Anfertigung der kostbaren und serienmäßigen Ledersitze der Jaguar Limousinen überlassen wir nicht der Industrie, sondern fertigen sie in unseren eigenen Betrieben von der Veredelung der kostbaren Naturprodukte bis zum letzten Nadelstich selbst an.
Jede Haut wird sorgfältig auf eventuelle Fehler untersucht und – sofern für einwandfrei befunden – mit großer Fertigkeit zugeschnitten.
Geschickte Hände nähen dann aus diesem Leder die prächtigen, körpergerecht geformten Sitzgruppen des Jaguar für den Liebhaber britischen Mobiliars.

Gleichermaßen exklusiv und Repräsentant britischen Wohnstils ist das traditionelle Walnußarmaturenbrett des Jaguar.
Auch hier ist das makellose Finish nur zu erreichen, indem man sich eigener Fachkräfte bedient, die in handwerklichem Können Furniere ausgesuchter Qualität verarbeiten.
Die Furnierblätter stammen von englischen Walnußbäumen, in Kalifornien gewachsen und in Frankreich zu waffeldünnen Blättern geschnitten. Unter dem Furnier befindet sich ein Instrumententräger, für den wir ausschließlich finnische Birke verwenden.
Die Versiegelung mit Polyester und der abschließende Poliervorgang bürgen für eine Oberfläche, die ebenso ansehnlich wie dauerhaft ist.

Funktionalität

Alle für den Fahrer wichtigen Bedienungselemente sind in einem idealen Blickwinkel und in bequemer Reichweite untergebracht.
Die Anordnung dieser Armaturen sowie deren Reichhaltigkeit spiegelt die moderne, vernunftbezogene und überlegene Technik der Jaguar Limousinen wider.
Rundinstrumente, regulierbare Instrumentenbeleuchtung, Drehzahlmesser, Öldruckmesser, Voltmeter, Wassertemperatur- und Kraftstoffanzeiger, Umschalttaste für die 2 separaten Kraftstofftanks, heizbare Heckscheibe, Kartenleselampe und Innenbeleuchtung sowie zwei Regler für die Innenraumtemperatur und den Luftstrom sind Selbstverständlichkeiten für Fahrzeuge dieses Formats.
An der Lenksäule befinden sich zwei Hebelschalter für die 3-Stufen-Scheibenwischer/-wascher-Anlage sowie für Fern- und Abblendlicht, Blinker und Lichthupe.
Augenblickliche Reaktionen auf kleinste Befehle – unter welchen Voraussetzungen auch immer – erzeugen ein Gefühl des Vertrauens und der immensen Zufriedenheit mit diesen Automobilen.
Ein Jaguar reagiert immer so spontan wie es die Lage erfordert.

Jaguar- und Daimler-Klassiker mit sechs und zwölf Zylindern

Links oben: *Nur selten zuvor war in der Werbung auf den hohen Anteil handwerklicher Arbeit hingewiesen worden, die in jedem einzelnen Jaguar Automobil steckt. Diese Doppelseite entstammt einem Katalog von 1978.*

Links unten: *Eine breite Mittelkonsole beansprucht im Jaguar XJ Serie II verhältnismäßig viel Platz und schränkt den Fußraum ein. Was aber überzeugte Jaguar-Fans noch selten gestört hat.*

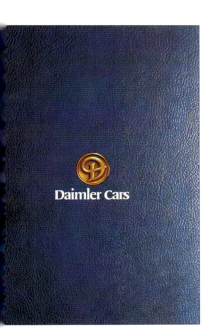

Links: *Zunehmend wurde seit Ende der siebziger Jahre die traditionsreiche britische Marke Daimler in den Vordergrund gestellt.*

Oben: *Das Daimler-Erbe Jaguars auf einen Blick. Die Übernahme erfolgte Anfang des Jahres 1960 für 3,4 Millionen Pfund Sterling.*

Jaguar – Werbung und Prospekte

Oben links: Jedes Jaguar-Modell gab es von den sechziger Jahren an auch in einer Daimler-Version. Hier ein Daimler Double Six (V12) von 1978.

Rechts: Einzige äußere Unterscheidungsmerkmale des Daimler gegenüber dem Jaguar sind ein etwas anderer Kühlergrill mit seiner Riffelung an der Oberkante, die Embleme auf den Radzierkappen und ein Schriftzug auf der Kofferklappe.

Oben rechts: Die mit der Karosseriebezeichnung Vanden Plas angebotene Langversion des Daimler (2865 statt 2764 mm Radstand) kam in Deutschland nicht auf den Markt. Diese Fahrzeuge wiesen unter anderem ein mit Vinyl bezogenes Dach auf, wie es damals – und keineswegs nur bei Jaguar – en vogue war.

Jaguar- und Daimler-Klassiker mit sechs und zwölf Zylindern

Oben: Katalog aus dem Jahre 1978.

Rechts: Stilleben mit drei Schönheiten: XJ12, XJ-C, XJ6. Aus einer Werbung von 1978.

Unten: Zeitlos elegant ist die Frontpartie des Jaguar der XJ-Serie II.

Links: *Komfort als Verkaufsargument Nummer Eins. Das Leder kam wie stets von Connolly Brothers, London.*

Unten links: *Unter dem Jaguar-Generaldirektor John Egan hielt bei Jaguar ein neues Qualitätsdenken Einzug. Der Begriff »Spitzentechnologie« war durchaus kein hohles Schlagwort.*

Unten rechts: *Das 1983er XJ-Modell in einem Faltprospekt von Ende 1982. Es sind Fahrzeuge der Serie III, gebaut von 1979 an.*

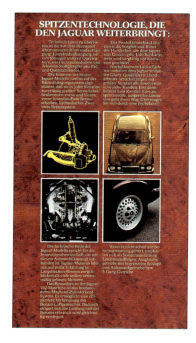

Jaguar- und Daimler-Klassiker mit sechs und zwölf Zylindern

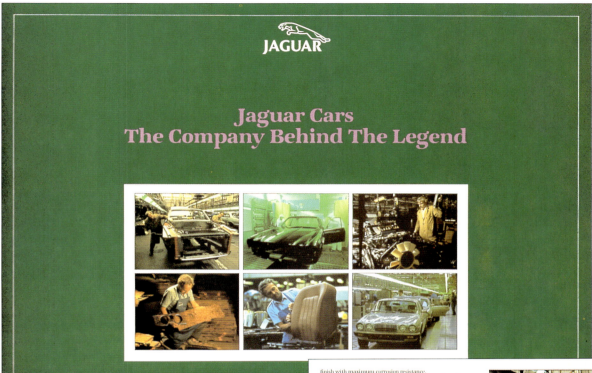

Links: Eine Broschüre, die den Produktionsprozeß bei Jaguar zum Inhalt hat. Sie erschien 1984, als Jaguar annähernd 20.000 Fahrzeuge der XJ-Serie herstellte.

Rechts: Aus dem Nähkästchen geplaudert: Beschreibung der Herstellung einer Jaguar-Karosserie. Das Unternehmen verfügte seit der Übernahme Daimlers über drei Fertigungsstätten im Stadtbereich Coventrys: Browns Lane, Radford und Castle Bromwich.

Jaguar – Werbung und Prospekte

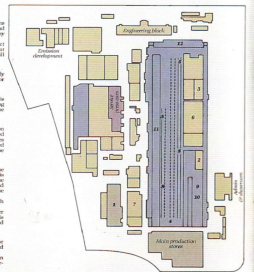

Links: Im ehemaligen Daimler-Werk Radford hatte Jaguar 1962 den Motorenbau angesiedelt. Noch bestimmte Handarbeit auch hier den Produktionsrhythmus; computergesteuerte Roboter hielten in den Werkshallen zu Coventry erst sehr viel später Einzug.

Oben: Beschreibung des Produktionsablaufs im Jaguar-Stammwerk in Browns Lane, Coventry, aus dem Jahre 1984. Die Weichen vom Staatsbetrieb zur Rückwandlung in ein Privatunternehmen waren bereits gestellt. John Egan hatte mit der Regierungschefin Margaret Thatcher über dieses Thema nach langen Diskussionen Einigung erzielen können.

Jaguar- und Daimler-Klassiker mit sechs und zwölf Zylindern

Links: *Dezenter Hinweis: Viele Polizeibehörden in Großbritannien haben sich für Jaguar im Motorway-Einsatz entschieden. »Ein Jahr Polizeieinsatz entspricht zehn Jahren im Normalgebrauch...«*

Unten:
Werbung um Vertrauen zu Jaguar: »Technik vom Feinsten«.

Jaguar – Werbung und Prospekte

Rechts: *Um den 1971 eingeführten V12-Motor begann sich ein Mythos zu entwickeln. Nicht vor 1987 bot auch BMW (mit dem 750i) ein Zwölfzylinder-Automobil an, Mercedes-Benz kam Anfang 1992 mit dem 600 SL V12 auf den Markt. Jaguars zeitlicher Vorsprung zahlte sich aus.*

Rechts: *Katalog für den Jaguar XJ Serie III.*

Mitte: *Mit Genugtuung konstatierten Jaguar-Kritiker, daß die Verarbeitungsqualität immer besser wurde. Das Image vom »Werkstatt-Auto« konnte zu den Akten gelegt werden.*

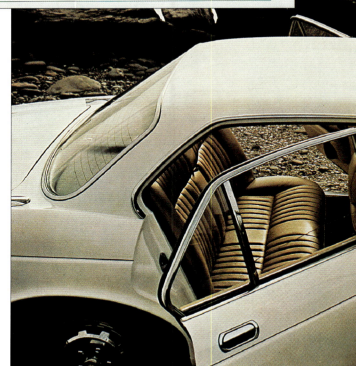

Jaguar- und Daimler-Klassiker mit sechs und zwölf Zylindern

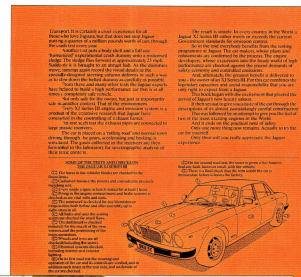

Oben: *Sicherheitsforschung bei Jaguar: Aufwendungen, die sich an höchsten Maßstäben orientierten und die in Werbung und in Public-Relations-Broschüren deutlich herausgestellt wurden.*

Links: *Werbeblatt für den XJ12 Serie III von 1987. Dieses Modell blieb noch bis November 1992 im Programm, da der neue XJ6 (intern: XJ40) zunächst nur mit Sechszylindermotor geliefert wurde.*

Jaguar – Werbung und Prospekte

Rechts: *Mit Vorstellung des neuen Jaguar XJ6 alias XJ40 im Herbst des Jahres 1986 hielt ein neuer Werbestil Einzug. Die aufwendige Gestaltung der Werbemittel oblag nun der Agentur Warwick's Illustrations, Cheylesmore/Coventry.*

Jaguar- und Daimler-Klassiker mit sechs und zwölf Zylindern

Seven years development and five million test miles behind every new Jaguar saloon.

The overriding commitments for the new Jaguars are quality and reliability. They have resulted in a multi-million pound investment in new design, development and manufacturing facilities as well as the introduction of completely new quality control procedures.

It has taken seven years of constant patient development work to perfect the new Jaguar saloons. Every aspect of the cars has been examined, questioned and proved. For example, in the electrical system alone there are over one thousand man-years of development time.

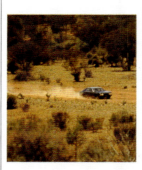

A major part of the development work involved over five million miles of test driving using nearly a hundred prototype vehicles in extremes of temperature and terrain. As well as on-road testing in Oman, the United States, Australia, and Canada – where it was so cold the tyres froze to the road – there were brake tests in the mountains of Austria and non-stop high-speed running on the Nardo test track.

In addition, Jaguar carried out an intensive testing programme using more than seventy specially-built rigs. Over 1700 components were given accelerated life tests; bulbs, wiper motors, instruments, door assemblies and many more besides. Jaguar have supplied duplicate rigs to many component manufacturers to continue the testing programme throughout the production life of the car.

Components in the new cars have to achieve the most rigorous Jaguar quality and performance standards which, in many cases, have been so high that suppliers have had to improve their own standards to meet them.

Electrically and electronically, the new Jaguar saloon range is highly advanced. Up to seven microprocessors give precise and accurate control of all key functions in the car, from engine management to the driver information system.

The low-current earth switching electrical system is unique to Jaguar. By operating heavy power components such as headlamps through relays with earth line switches, it enables the main wiring harness, which contains some 300 wires, to be reduced substantially in size compared with a conventional harness, saving a great deal of weight and space. It also maximises the reliability and durability of the electrical system, reduces radio interference, and has built-in fail-safe features.

Special multi-pin positive-mate connectors, co-designed by Jaguar and a major supplier, are used. With up to 36 pins in each connector, they have a dolphin nose for easy engagement and plastic side latches to reduce the likelihood of separation in service. All external connections are completely sealed for increased durability and reliability.

The new Jaguars not only set new standards of performance, driveability and luxury, they set new standards of quality and reliability, too.

Unten: »Jaguar zu fahren, spricht nicht nur für exquisiten Geschmack, sondern auch für gesunden Geschäftssinn«, hieß es in dieser Broschüre von Ende 1986: Jaguar, what a clever investment...

Links: In die Entwicklung des neuen XJ6 4.0 Litre – der neue Sechszylindermotor trug die Chiffre AJ6 – hatte Jaguar soviel Geld wie nie zuvor für ein anderes Modell investiert. In der Arktis wie im heißen Sommer Arizonas hatten die Versuchsfahrzeuge Millionen von Testkilometern abzuspulen.

Jaguar- und Daimler-Klassiker mit sechs und zwölf Zylindern

Links: *Werbung für eine besondere Ausführung des XJ12 Serie III, herausgegeben von der Jaguar Deutschland GmbH, Kronberg. Bevor die deutsche Importfirma – seit der Ausgliederung Jaguars aus der BL-Gruppe als Nachfolger Brüggemanns im Geschäft – von Jaguar in Coventry übernommen wurde, gehörte sie zur schweizerischen Emil Frey AG (Streag) in Safenwil.*

Oben: *Der Jaguar XJ12 Serie III als Elite-Limousine – 1987 unter dem traditionsreichen Beinamen Sovereign angeboten. Preis mit Katalysator: 80.700 Mark.*

Jaguar – Werbung und Prospekte

Links: *Jaguar-Katalog von 1988.*

Oben: *Mit dem neuen XJ6 4.0 Litre auf den Champs Elysées oder in Amsterdam: Traumwelten für den künftigen Jaguar Owner. In die mit viel Aufwand durchgeführte Werbefotografie investierte Jaguar hohe Beträge.*

Jaguar- und Daimler-Klassiker mit sechs und zwölf Zylindern

Rechts: *Der 1988er Daimler Double Six basierte nicht auf dem neuen XJ40, sondern war ein Wagen der »alten« Serie III, gebaut bis Ende 1992.*

Unten: *In diesem Katalog geht es nicht um Jaguar Automobile, auch wenn es den Anschein hat, sondern um Brillen gleicher Markenbezeichnung, hergestellt von der Firma Atrion.*

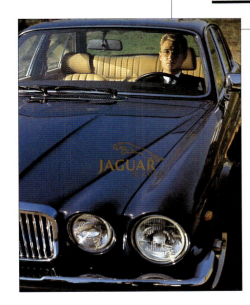

83

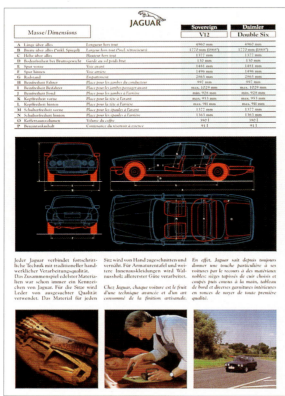

Oben: Vom schweizerischen Jaguar-Importeur Streag 1989 produzierter Prospekt, speziell für die Zwölfzylinder Jaguar- und Daimler-Modelle.

Rechts: Aufwendige Studio-Fotografie zeichnete die Werbemittel von den späten achtziger Jahren an aus.

Jaguar- und Daimler-Klassiker mit sechs und zwölf Zylindern

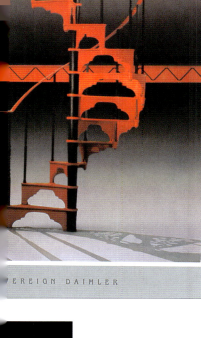

Links: *Doppelseite aus einem 1989er Jaguar-Katalog, gestaltet von John Lowe und seinem Team bei Warwick's Illustrations.*

Unten: *Selbstverständlich gab es den neuen Jaguar XJ6 4.0 Litre auch als Daimler 4.0 Litre.*

Jaguar – Werbung und Prospekte

XJ6 3.2 – Sovereign 4.0 – Jaguar V12

Oben: *Die großformatigen Kataloge, auf edlem Papier gedruckt, wurden immer aufregender und umfangreicher. Sie verfehlten ihre Wirkung nicht: Die Jaguar-Umsätze zeigten steigende Tendenz. Hier eine Katalog-Doppelseite von 1991.*

Rechts: *Aus einem französischen Katalog für den Jaguar XJ6 4.0 Litre.*

Jaguar- und Daimler-Klassiker mit sechs und zwölf Zylindern

Sovereign 4.0

Oben: *Die Bezeichnung Sovereign war nicht mehr allein Daimler vorbehalten. Eine feste Regel, nach welcher dieser Name bei dem einen oder anderen Sondermodell zu verwenden war, schien es nicht zu geben.*

Rechts: *Technische Information auf Deutsch und Französisch in einem Katalog, der 1991 in der Schweiz kursierte.*

XJ6 UND SOVEREIGN

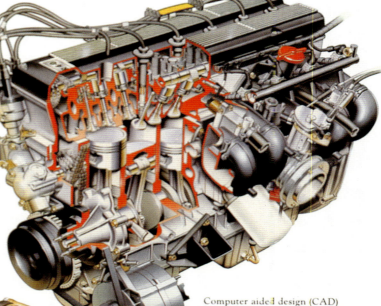

Die Motoren der neuen Jaguar-Generation sind ein Meisterstück modernen Triebwerkbaus. Der Zylinderblock ist aus einer Aluminiumlegierung hergestellt, die Zylinderköpfe werden, ebenfalls aus Aluminium, im Spritzgussverfahren gefertigt. Die mit Stickkohlenstoff behandelte Nockenwelle läuft in sieben Hauptlagern, was eine unübertroffene Laufruhe und Geschmeidigkeit bringt. Die Zündung wird durch einen Mikroprozessor gesteuert.
Der 3,2 und der 4,0-Liter-Motor des Jaguar haben vier Ventile pro Zylinder. Das gibt ihnen über den ganzen Drehzahlbereich ein hohes Drehmoment und damit einen kräftigen Antritt.

Die vordere Einzelradaufhängung ist so konzipiert, dass sich der Wagen beim Beschleunigen praktisch nicht aufbäumt und das Bremsnicken weitgehend unterdrückt wird. Die vorderen Scheibenbremsen sind zur besseren Kühlung innenbelüftet.

Die hinteren Querlenker sind durch eine Pendelvorrichtung verbunden, die ein leichtes und präzises Ausfedern der Räder ergibt. Ein markanter Gewinn an Fahrstabilität in jeder Situation ist das Ergebnis.

Computer aided design (CAD)

Les moteurs Jaguar de la nouvelle génération sont un chef d'œuvre de mécanique moderne. Le bloc est en alliage d'aluminium et les culasses sont en fonte d'aluminium injectée.

Le vilebrequin en fonte nitrurée est à sept paliers, ce qui explique le silence de fonctionnement et la souplesse du moteur. L'allumage est commandé par microprocesseur.

Les moteurs 3,2 et 4,0 litres de Jaguar possèdent quatre soupapes par cylindre. Ainsi, sa plage de puissance est beaucoup plus vaste puisque le couple maximal est déjà atteint à bas régime.

La suspension avant est conçue de telle sorte que la voiture ne peut pratiquement ni se cabrer en accélération, ni plonger en cas de freinage brusque. Les freins à disques avant sont ventilés de l'intérieur.

Les trapèzes triangulaires inférieurs associés aux demi-arbres oscillants donnent une suspension douce et précise. Grâce aux recherches effectuées, le train de roulement arrière est extraordinairement stable.

Jaguar- und Daimler-Klassiker mit sechs und zwölf Zylindern

Rechts: *Eine Firma in England versah den 4-Liter-Motor des XJ40 mit zwei Garrett-Turboladern. Ergebnis: 340 PS und ein Drehmoment von 505 Nm. Der Wagen trug die Bezeichnung Chasseur Stealth.*

Links: *Aus einem 1991er Zubehör-Katalog. Von allen Accessoirs war das Telefon stets das am meisten begehrte.*

Jaguar – Werbung und Prospekte

Rechts: »Zwei zu null«: Überwältigendes Ergebnis zugunsten Jaguars bei einer Leserbefragung durch die Zeitschrift Car im Frühjahr 1992.

Jaguar- und Daimler-Klassiker mit sechs und zwölf Zylindern

Links oben: *Für hohe Ansprüche – Jaguar! Elektrisch verstellbare Vordersitze oder elektrische Fensterheber gehören längst zur Serienausstattung.*

Links unten: *1992 erschien dieser Zeitschriftenartikel, der nicht ganz eindeutig erkennen ließ, ob er eine gut aufgemachte PR-Anzeige oder ein redaktioneller Beitrag war.*

Jaguar – Werbung und Prospekte

Oben: *Die Raubkatze aus Coventry hatte lange Zeit nur ein Dasein als stilisierte Figur (»the leaper«) geführt. Auf dem Cover einer 1992 veröffentlichten Jaguar-Broschüre nahm das Firmenlogo lebendige Züge an.*

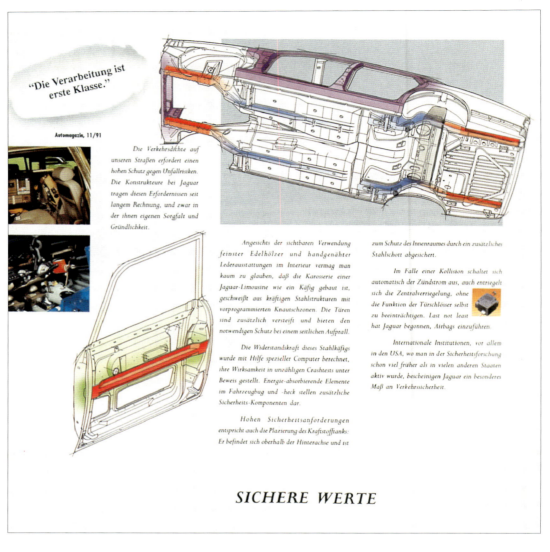

Oben: *Sicherheitsaspekte stehen im Vordergrund dieser Veröffentlichung vom Frühjahr 1992.*

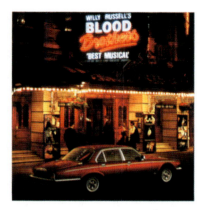
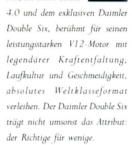

Note. Eine kompromißlose Qualitätsarbeit, die dem Daimler 4.0 und dem exklusiven Daimler Double Six, berühmt für seinen leistungsstarken V12-Motor mit legendärer Kraftentfaltung, Laufkultur und Geschmeidigkeit, absolutes Weltklasseformat verleihen. Der Daimler Double Six trägt nicht umsonst das Attribut: der Richtige für wenige.

Selbstverständlich ist das Lenkrad individuell einstellbar, ebenso gehören getönte Scheiben, elektrische Fensterheber, ein Schiebedach, Servolenkung, ABS und ein infrarot-gesteuertes Zentralverschlußsystem zur Serienausstattung. Eine besonders entwickelte Klimaanlage, und ein ausgeklügeltes Audio-System mit einem auf Wunsch lieferbaren CD-Player machen das Reisen zu einem Erlebnis. Das persönliche Engagement, mit welchem künstlerisch begabte Handwerker ausgesuchte Hölzer und Ledersorten verarbeiten, gibt jedem Wagen seine individuelle

Daimler of Coventry: Kenner bescheinigen ihm die heute so rar gewordene Distinguiertheit im Design, Perfektion in der Technik und eine bis ins kleinste Detail durchdachte Ausstattung, um Autofahren in seiner kultiviertesten Form zur Selbstverständlichkeit werden zu lassen. Repräsentation und Fahrvergnügen finden im Daimler eine ausgezeichnete Symbiose.

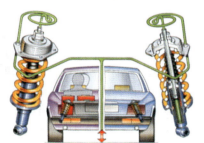

"Fahren nach Gutsherrenart"

Süddeutsche Zeitung, 5/91

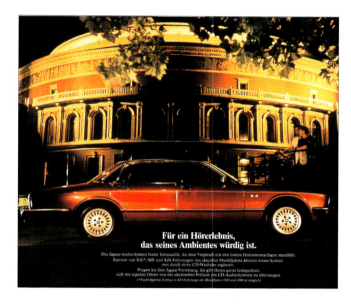

Oben: *Ein Inserat der Jaguar Deutschland GmbH von 1992.*

Links: *»Künstlerisch begabte Handwerker verarbeiten ausgesuchte Hölzer« – eine Aussage, die in jedem Jaguar oder Daimler ihre Bestätigung fand.*

Jaguar – Werbung und Prospekte

Rechts: *Gesamtkatalog von Jaguar Cars Ltd., herausgegeben im Januar 1993.*

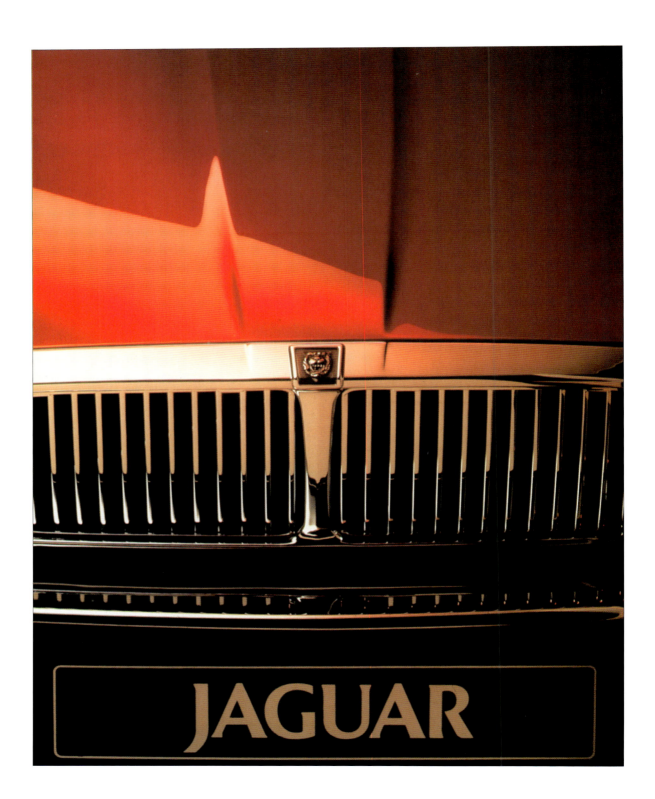

Links: 1993 führte Jaguar das Insignia-Programm ein, das dem Kunden eine große Auswahl individueller Farb- und Materialzusammenstellungen ermöglichte. Auch matt- oder hochglanzpolierte Spezialfelgen standen zur Wahl.

Links: In der Werbung erhielten die Themen Sicherheit und Umweltschutz in den neunziger Jahren zunehmend Priorität.

Jaguar – Werbung und Prospekte

Oben: Das Interieur nach eigenem Geschmack gestalten zu können, bot das Insignia-Programm nach dem Motto: Nichts ist unmöglich.

Jaguar- und Daimler-Klassiker mit sechs und zwölf Zylindern

Links: Endlich ist auch der Jaguar XJ40 mit V12-Motor zu bekommen. Aus einem Katalog von Ende 1993, der den Wagen in der Daimler-Version vorstellt. Das Hubvolumen des Zwölfzylinders ist auf 6 Liter vergrößert worden.

Unten: Die U-förmige Schaltkulisse der Getriebeautomatik (intern; »Randle handle«, so benannt nach ihrem Konstrukteur Jim Randle) wurde in der Fachpresse häufig kommentiert. Neu waren 1993 eine beheizbare Frontscheibe und beheizbare Außenspiegel.

Selbstverständlicher Luxus

Wenn Sie hinter dem Lederlenkrad Platz nehmen, ist die Versuchung groß, jene geschmeidigen Kräfte freizusetzen, die dann erwartungsvoll unter der Motorhaube schnurren. Alle Bedienungselemente befinden sich in optimaler Reichweite. Die klassischen englischen Rundinstrumente sind in edles Walnußwurzelholz-Umfeld gefaßt, klar und schnell ablesbar. Der Tripcomputer versorgt Sie über die neue Fernabfrage am linken Lenkstockhebel mit allen notwendigen Reiseinformationen. Der überarbeitete "Panik"-Schalter erlaubt jetzt neben der Verriegelung auch die Entriegelung der Türen, der Fenster und des Schiebedachs von innen. Die Bedienung der Klimaautomatik wurde vereinfacht und enthält nun eine Umluftfunktion, die die Zufuhr von Frischluft abschaltet. So können unangenehme Gerüche wie Smog oder Abgase im Fahrzeuginneren vermieden werden. An heißen Tagen sorgt die neue Schnellkühlung für sofortige Regelung des Innenraumklimas. Die exzellente Jaguar-Audio-Einheit mit Stereo-Kassettenlauf und RDS-Senderkennung (Radio Data System) ist mit vier Tief- und Mitteltönern in den Türen sowie vier Hochtönern unter der Front- und Heckscheibe ausgestattet. Der unvergleichliche Hörgenuß wird noch durch den CD-Wechsler erweitert. Er ist im Kofferraum untergebracht und faßt 6 Discs.

Die Hochdruck-Scheinwerferreinigung sorgt stets für klare Sicht nach vorn, ebenso wie die im Frontspoiler integrierten Nebellampen. Der Rhythmus der Wisch/Waschanlage paßt sich automatisch der Fahrgeschwindigkeit an. Die neue beheizbare Frontscheibe und die beheizten Außenspiegel sind im Nu eis-, schnee- oder beschlagfrei.

97

Jaguar – Werbung und Prospekte

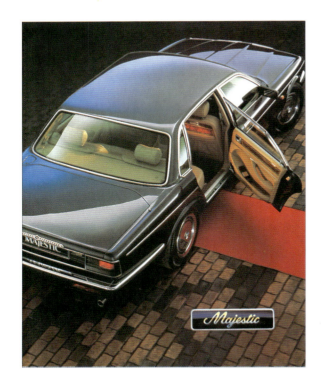

Oben: Der mit verlängertem Radstand gelieferte Jaguar bzw. Daimler erhielt in einigen Ländern – Deutschland ausgenommen – den Beinamen Majestic.

Rechts: Der glattflächige V12-Motor ist eine Augenweide. Erst sehr viel später kamen auch andere Automobilhersteller auf den Gedanken, unter der Motorhaube ihrer Fahrzeuge »aufzuräumen«.

Jaguar- und Daimler-Klassiker mit sechs und zwölf Zylindern

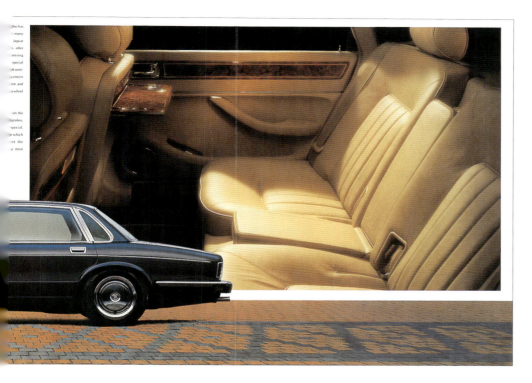

Oben: 5113 mm lang war der 1993er Majestic. Das Plus an Fahrzeuglänge macht sich an der breiteren hinteren Tür bemerkbar, durch die sich die harmonische Proportion des Wagens allerdings etwas unvorteilhaft veränderte. Als Einzelstück entstand 1995 ein Exemplar mit noch längerem Radstand, bei welchem das Plus an zusätzlicher Länge der vorderen Tür zugute kam, womit die Proportionen wieder einen harmonischen Ausgleich gefunden hatten.

Oben: 1993 herausgegebener Katalog für den Jaguar XJ12. Der Wagen kostete in Deutschland 129.500 Mark. Der ebenfalls mit einem V12-Motor bestückte Mercedes-Benz 600 SE rangierte inzwischen bei 200.000 Mark.

99

Jaguar – Werbung und Prospekte

Oben: Trotz ausgezeichneter Werbung hatte es Jaguar schwer, 1993/94 den großen V12 an den Mann zu bringen. Potentielle Kunden warteten auf das neue Modell, von dem sie gehört hatten, es würde im Herbst 1994 herauskommen... womit sie richtiglagen: Im September 1994 stellte Jaguar seine neue Modellreihe vor.

Rechts: Bildmontage aus einem Jaguar-Katalog von 1993.

Oben: *Sammelkataloge, wie dieser vom Sommer 1993, werden bei Jaguar intern »Saver« (Sparer) genannt. Hier werden auf 48 A4-Seiten alle Modelle der XJ40-Baureihe mit ihren Vorzügen und Besonderheiten vorgestellt.*

Rechts: *Daimler Modell 1993/94 in einer seinem edlen Status angemessenen Umgebung.*

KAPITEL 6

SPORTLICH AUS TRADITION

Sportlichkeit war seit jeher ein Attribut, das mit dem Namen Jaguar einherging. Der berühmte Vorkriegswagen SS 100, die XK-Modelle, der E-Type: Sie hatten das Bild des Jaguar als klassischen Sportwagen gezeichnet. Besonders kräftige Konturen nahm dieses Bild durch die zahlreichen motorsportlichen Erfolge in Rennen und Rallies an, die auf Jaguar im Verlauf der Jahrzehnte gewonnen wurden. Am Mythos der Marke haben sie großen Anteil.

Kein Wagen namens F-Type wurde Nachfolger des E-Type, sondern der Jaguar XJS. Doch der Übergang vom E-Type zu diesem neuen Zweisitzer vollzog sich nicht naht-

Unten: *Neuerliche Erfolge in Le Mans und auf anderen berühmten Rennstrecken wurden in der Jaguar-Werbung gebührend herausgestellt, so auch in diesem Katalog von 1984.*

los, denn er wurde erst im Herbst des Jahres 1975 vorgestellt, acht Monate nach Beendigung der E-Type-Fertigung. Auch der XJS sollte den Status eines Evergreens erlangen: Mehr als 20 Jahre blieb er im Jaguar-Programm.

Mit seiner sehr niedrigen Gürtellinie, einer flach abfallenden Motorhaube und einer schwungvoll nach hinten führenden Dachpartie war der XJS eine ungewöhnliche Erscheinung. Mechanisch basierte er auf dem XJ. Mit dem V12-Einspritzmotor, den man alternativ zum 3,5-Liter Six bekommen konnte, erreichte das schicke Coupé dem E-Type vergleichbare Fahrleistungen, und die Ausstattung

Sportlich aus Tradition

des Wagens – serienmäßig gehörte eine Klimaanlage dazu – war von erlesener Qualität. In den USA sorgte eine 540 PS starke Rennversion für Aufsehen – und errang zahlreiche Erstplazierungen bis hin zur Trans-Am-Meisterschaft.

Nicht vor 1983 gab es den Zweisitzer auch in offener Ausführung, XJS-C genannt. Über dem Cockpit blieb bei geöffnetem Verdeck indes ein Targabügel stehen, auch die Seitenteile waren fest. Eine gänzlich offene Version von diesem Wagen bot Jaguar erst 1988 an: Der Wunsch vieler treuer Jaguar-Kunden nach einem »richtigen« Cabriolet ging damit endlich in Erfüllung. Man wählte den amerikanischen Ausdruck »Convertible« für diesen Wagen.

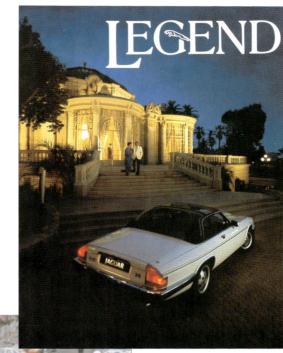

Unten: 1986 im Jaguar-Magazin Legend veröffentlichter Artikel über den Le-Mans-Einsatz 1985. Der Wagen ist ein XJR-5 des Group 44 Teams.

Oben: Titelseite des Jaguar-Magazins Legend vom Herbst 1985. Die Zeitschrift erschien im Londoner Verlag Chrysalis unter der Leitung von John Ffrench; drei Jahre später beauftragte Jaguar die Firma Warwick's mit der Herausgabe des Magazins, die es in Sovereign umbenannte.

Jaguar – Werbung und Prospekte

Mit großer Konsequenz betriebene Rennsport-Aktivitäten, die Jaguar in die Hände des Tom-Walkinshaw-Teams legte und dem Haus unter anderem eine Reihe weiterer Siege in Le Mans eingebracht hatten, schlugen sich im Serienfahrzeugbau nieder. Und sie führten nicht zuletzt auch zur Konstruktion des wohl aufregendsten Jaguar, der je auf die Räder gestellt wurde – das war der XJ220.

Die 1988 gegründete Firma JaguarSport war für Entwicklung und Bau dieses Supersportwagens verantwortlich, ebenso wie für die Rennsportwagen XJR-14 und XJR-15. In engem Technologie-Transfer zwischen JaguarSport und dem neuen Jaguar-Forschungszentrum Whitley kam es zu Konstruktionen hoher Reife, wovon der XJ220 sichtbar Zeugnis ablegt. Eine der Voraussetzungen aber für die Realisierung eines so gewagten Vorhabens,

Oben: *1975 war das Geburtsjahr des XJS als Nachfolger des Jaguar E-Type. Das neue Modell war zwar keineswegs so sportiv wie sein Vorgänger, schuf aber auf seine Art eine gänzlich neue Kategorie von sportlichen Luxusfahrzeugen. Anfänglich nur als Sechszylinder gebaut, gab es anschließend auch eine V12-Version.*

Sportlich aus Tradition

wie es das Projekt XJ220 darstellte, war die Bereitung eines neuen »Unterbaus« für die Firma, wie er durch die Übernahme der Jaguar Cars Ltd. durch den Ford-Konzern geschaffen wurde; eine Konstellation, die sich 1989 angebahnt hatte. Im Frühjahr 1990 wurde die Partnerschaft auf höchster Ebene »abgesegnet«.

Unter Bill Hayden, ab Juli 1990 neuer Chef bei Jaguar, wurde das Projekt XJ220 energisch vorangetrieben. Der anfänglich mit einem V12-Motor bisheriger Bauart bestückte Prototyp ging 1991 schließlich mit einem neu entwickelten, für den Rennsport gebauten V6-Motor in Serie. Wobei »Serie« nur im übertragenen Sinne anzuwenden ist: Bis Juli 1994 wurden nicht mehr als 281 Exemplare dieses 340-km/h-Boliden in akribischer Handarbeit gebaut. Listenpreis des XJ220: 400.000 Pfund Sterling.

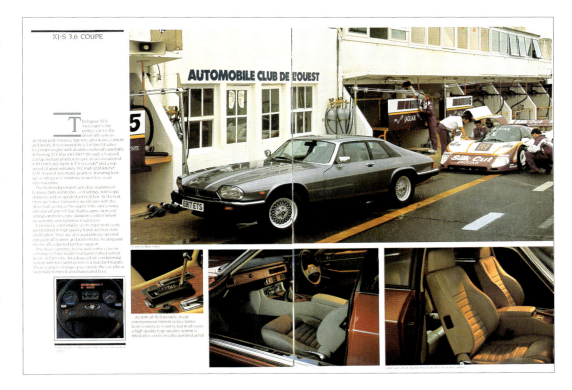

Links: Der Targa-Ausführung als offene Alternative zum Coupé folgte 1988 schließlich ein gänzlich offener Jaguar XJS, Convertible genannt.

Oben: Doppelseite aus einem 1988 erschienenen »Saver«. Das Foto wurde an den Boxen der Le-Mans-Rennstrecke aufgenommen.

Links: Der Jaguar XJS (auch: XJ-S) in einer Katalogabbildung von 1990. Die farbenfrohen Motive dieser Art wurden in den USA auch für Inserate verwendet.

105

Jaguar – Werbung und Prospekte

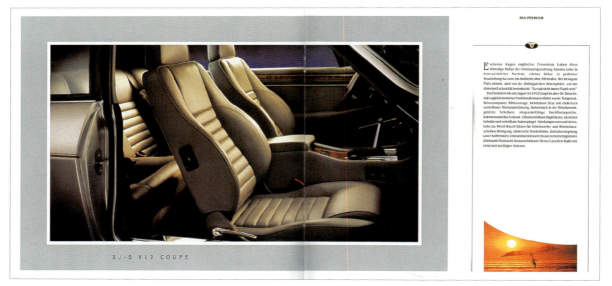

Oben: Das XJS V12 Coupé Modell 1990. Neu bei Jaguar: Eine dreijährige Mobilitäts-Garantie.

Rechts: »Es muß nicht immer Plastik sein«, heißt es provokant im Text zu diesem Katalogfoto. Lederlieferant Connolly wird beipflichten.

Sportlich aus Tradition

XJ-S V12 CONVERTIBLE

DIE FLEXIBILITÄT

Nur wenige Länder der Erde sind so häufig dem Wetterwechsel ausgesetzt wie gerade England. Und nur in wenigen Ländern wurde die Tradition des sportlichen Fahrens im Laufe der Jahrzehnte so kultiviert wie gerade in England. So ist es keine Überraschung, daß Jaguar die Verdeck-Konstruktion optimiert hat: In nur zwölf Sekunden ist der Wagen geöffnet oder geschlossen. Aus Sicherheitsgründen wählen Sie die Parkstellung des automatischen Getriebes, öffnen bequem die beiden vorderen Arretierungen an der Windschutzscheibe, dann verschwindet das Dach – geräuschlos – auf Knopfdruck elektrisch in der Versenkung zwischen dem Passagierraum und dem geräumigen Kofferraum. Gleich einfach und schnell kann das Verdeck wieder geschlossen werden.

Gleichzeitig gehen die hinteren Scheiben automatisch herunter. Eine Abdeckplane verhindert das Verstauben des versenkten Verdecks. Die rahmenlosen Vorderfenster betätigen Sie nach Bedarf, natürlich auch elektrisch.

Links: 1988 und 1990 gewann Jaguar die 24 Stunden von Le Mans und war auch in Daytona siegreich. Die Briten wiesen bei jeder sich bietenden Gelegenheit auf diese großartigen Erfolge hin. Werbung mit Bestplazierungen im Motorsport hatte es seit der D-Type-Ära in den fünfziger Jahren nicht mehr gegeben.

Oben: Im Nu setzt sich der elektrische Verdeckmechanismus in Bewegung und schafft auch bei Regenwetter Geborgenheit im XJS.

107

Jaguar – Werbung und Prospekte

Care for you and your car

An Approved Used Jaguar gives you superb performance and value - and with the help of your Official Jaguar Dealer you can maintain both.

From the time your car is collected for service to the moment it is delivered to you, washed and valeted, our Jaguar factory trained technicians will treat it like new, using the latest diagnostic equipment, engine inspection facilities and genuine Jaguar parts.

They can also offer you a useful range of accessories - everything from touring kits and roof racks to an alarm system or an in-car telephone.

With more than one hundred Jaguar authorised dealers throughout the country, you will find that no one else is closer to the Jaguar marque.

Oben: Perfekter Service und individuelle Kundenfürsorge – ein zunehmend wichtiges Argument für Jaguar in den neunziger Jahren, wenngleich auch immer weniger Jaguar-Kunden Anlaß hatten, eine Werkstatt aufzusuchen.

Sportlich aus Tradition

"Der Jaguar glänzt mit einem überzeugenden Antrieb"

auto motor sport, 5/91

WERTVOLLER DENN JE

Oben: Ein XJ6 4.0 Litre und der gleichermaßen motorisierte XJS in einem Katalog von 1992.

Rechts: Titelblatt eines Kataloges für den 1992er XJR-S, publiziert von der Firma JaguarSport. Das Coupé der Superlative hatte einen auf 6 Liter aufgebohrten V12-Motor unter der Haube, bei einer Verdichtung von 11 zu 1 an die 333 PS stark. Die Funktion des Unternehmens JaguarSport ist vergleichbar mit der, wie sie die Motorsport GmbH (»M – der schnellste Buchstabe der Welt«) für BMW und das Haus AMG für Mercedes-Benz innehaben.

109

Jaguar – Werbung und Prospekte

Oben: *Der XJR-S biete »ultra-high performance motoring«, hieß es in der Werbung.*

Sportlich aus Tradition

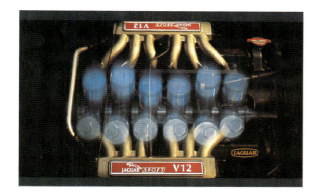

Oben: Der 4.0-Liter-Motor im XJR-S, von den Ingenieuren bei JaguarSport auf Höchstleistung getrimmt.

Rechts: Als Jaguar 1990 abermals die 24 Stunden von Le Mans gewann, schaltete der Reifenhersteller und Jaguar-Zulieferer Goodyear dieses Inserat mit der Headline: »Die großen Katzen spielen mit Adlern.«

Jaguar – Werbung und Prospekte

Oben: *1992 veröffentlichte Katalog-Doppelseite mit dem Hinweis, daß Jaguar 1987, 1988 und 1991 die Sportwagen-Weltmeisterschaft gewonnen habe.*

Rechts: *Das XJS Coupé Modelljahrgang 1993.*

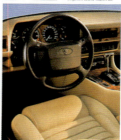

Sportlich aus Tradition

Links: *Was braucht der erfolgreiche Mann von Welt außer einer Segelyacht an der Costa Brava, einem XJS 4.0 Litre und einer attraktiven Begleiterin? Nicht viel – man gönnt sich ja sonst nichts! Eine Titelseite der Zeitschrift Sovereign, des im Jaguar-Auftrag in vier Sprachen erscheinenden Lifestyle-Magazins.*

Jaguar – Werbung und Prospekte

Rechts: *Grand Touring hatte es schon beim E-Type geheißen, auch beim offenen XJS. Die Franzosen sprechen vom Grand Tourisme – doch Grand Tourismo war eine Wortschöpfung, die es bis dato nicht gab. Oder war der italienische Begriff Gran Turismo gemeint?*

Rechts unten: *Als im Sommer 1988 die ersten Veröffentlichungen über den geplanten Mittelmotor-Jaguar XJ220 durch die Presse gingen, die das Coupé in einem Atemzug mit dem Ferrari F40 und dem Porsche 959 nannte, stand das 6-Liter-V12-Aggregat zur Diskussion. Mit dem Zwölfzylinder wurde der Prototyp des Jaguar XJ220 dann auch erstmals auf der Motor Show in Birmingham gezeigt. Spontan unterschrieben zahlreiche Jaguar-Enthusiasten Kaufverträge, ungeachtet des immens hohen Preises.*

Links oben: *In seiner zweiten Auflage von 1992 sagt der Katalogtext zum XJ220 aus, der Motor sei ein Twin-Turbo V6. Viele Kunden, die den Wagen bereits bestellt hatten, waren davon nicht erbaut und hätten gern den legendären Zwölfzylinder hinter der Rückenlehne gewußt. Aber auch der 1993 in Le Mans eingesetzte XJ220C hatte den V6-Doppelturbomotor – großvolumige Saugmotoren hatten sich im Rennsport überlebt. 1991 begann die Auslieferung der lange zuvor georderten Exemplare, gebaut bei JaguarSport in Bloxham, Oxfordshire.*

Links unten: *Wie in Birmingham 1988, war der Jaguar XJ220 auch im Katalog ursprünglich in Zwölfzylinder-Spezifikation vorgestellt worden. Das aufwendige Druckwerk wurde, als die Motorisierung änderte, jedoch zurückgezogen und gilt daher unter Sammlern als eine Rarität.*

KAPITEL 7

VOM XJ40 ZUM KOMPRESSOR-JAGUAR

In den frühen achtziger Jahren hatte man in Coventry die Arbeit an einer neuen Motorenkonstruktion aufgenommen; sie trug die Werks-Chiffre AJ6. In Serie ging das Aggregat ab Herbst 1986 und wurde in einem ebenso neu konstruierten Fahrzeugmodell vorgestellt, das werksintern mit dem Kürzel XJ40 bezeichnet wurde, offiziell aber, wie seine Vorgänger, als XJ6 auf den Markt kam.

Dem Viertürer der bisherigen XJ-Serie III, den der XJ40 ablösen sollte, trauerten viele Fans nach, denn der neue XJ6 gab sich in seiner ganzen Erscheinung massiver, schwerer, auffälliger. Gleichwohl bestach er durch seine exzellenten Fahrleistungen. Zur Wahl standen ein ohc-Sechszylinder mit 2,9 Liter Hubraum (in Deutschland allerdings nicht angeboten) und ein dohc-Sechszylinder mit 3,6 Liter Hubraum; letzterer war der erwähnte AJ6.

Links: *Die neue Jaguar XJ-Serie des Modelljahrgangs 1995 (intern: X300) gab sich in der Linienführung gefälliger, in der Gesamterscheinung graziler. Die Fahrzeugfront wies entfernte Ähnlichkeit mit der des XJ-Modells der Serie III auf. Diese Modellreihe war die erste, die bei Jaguar unter der 1990 eingesetzten Regentschaft des Ford-Konzerns entstanden war.*

Vom XJ40 zum Krompressor-Jaguar

Oben: Die meiste Aufmerksamkeit erfuhr der 1995er Jaguar XJR Supercharged, eine Limousine mit Kompressormotor. Nach klassischem Vintage-Vorbild wies ihr Kühlergrill Einsätze aus Drahtgitter auf.

Links: Überaus reichhaltig ausgestattet, bestach der XJR mit Kompressor durch seine enorme Leistung. Wahrhaftig ein Jaguar mit "Raubkatzenbiß"!

Jaguar – Werbung und Prospekte

Oben: *Auch bei einem so stolzen Aufpreis von 32.000 Mark war dieses Automobil ein Jaguar, auf den sich der Slogan »value for money« anwenden ließ.*

Mit einer auf 4 Liter vergrößerten AJ6-Version überraschte Jaguar seine Kunden im Herbst 1989. Stärkeres Drehmoment bei gleichzeitig geringerem Verbrauch und noch besserem Emissionsverhalten (bleifreies Benzin!) kennzeichneten den neuen Vierventiler. Die Weiterentwicklung auch in puncto Sicherheit (ab 1990 gab es ABS serienmäßig), vor allem aber Qualität und Komfort machte aus dem neuen XJ6 ein Fahrzeug der absoluten Spitzenklasse.

Gegen Jahresende 1992 stellte Jaguar das Insignia-Programm vor, in dessen Rahmen der Kunde eine große Auswahl an Farb- und Materialkombinationen hatte. Lackierungen, Leder- und Interieurfarben sowie Edelholzmaserungen in diversen Nuancen ließen sich individuell

Rechts oben: *Der ladeluftgekühlte Kompressormotor des XJR hatte 4.0 Liter Hubraum und entfaltete 320 PS bei 5000/min; das höchste Drehmoment betrug 512 Nm.*

Rechts unten: *Aus einem 1995er Katalog für die neue Jaguar XJ-Serie. Angeboten wurden die Reihen XJ Classic (Business, Executive, Sovereign und Long Wheelbase), XJ Sport (Sport 4.0, XJR Kompressor), Daimler (Six, Double Six) und XJS (Coupé, Convertible).*

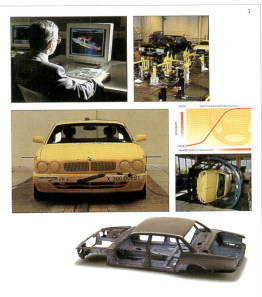

aufeinander abgestimmt ordern; dieses Programm bezog sich sowohl auf die XJ-Limousinen als auch auf alle Daimler-Versionen und den XJS.

Den XJ der Serie III hatte man als Sechszylinder mit Erscheinen des XJ40 eingestellt, erst im November 1992 aber lief der letzte Vertreter dieser klassischen Serie mit V12-Motor vom Band; im Unterschied zum Sechszylinder dieser Reihe hatte man das hochkarätige Spitzenmodell weiterhin produziert. Denn beim XJ40 hatte Jaguar zunächst keinen Zwölfzylindermotor angeboten.

Zum gleichen Zeitpunkt stellte man in Coventry auch den Bau der traditionellen Daimler Limousine 4.2 Litre (DS 420) ein, einer Staats- und Diplomatenkarosse, die in 24 Baujahren zuletzt nur mehr in geringer Zahl von Hand

Jaguar – Werbung und Prospekte

gebaut worden war. Nur etwa 5000 Stück waren von diesem aristokratischen DS 420 hergestellt worden; anfangs 20 Stück im Monat, zuletzt zwei bis drei...

Ein Jahr später kam ein auf 6 Liter vergrößerter V12-Motor heraus, der in einem neuen Jaguar XJ12 – Grundtyp XJ40 – sowie in dessen nobler Daimler-Version Double Six eingebaut wurde. Als nächstes kündigte Jaguar eine Langversion beim Sovereign genannten Topmodell und beim Daimler an, in einigen Ländern unter der Bezeichnung Majestic eingeführt. Zuguterletzt kamen die Jaguar-Modelle 3.2 S und 4.0 S ins Programm, mit strafferem Fahrwerk betont sportlich ausgelegt und zugleich die »sichersten Autos in Großbritannien«, wie eine Analyse der englischen Versicherungen und Sicherheitsbehörden ergab. Attraktivstes Modell war wohl der im Cockpit etwas vergrößerte, offene XJS (damit als 2+2 zu bezeichnen) mit dem 6.0-Liter-Motor und zahlreichen kosmetischen Auffrischungen.

Links: *Zweifellos war der 1995er XJ12 mit seinem bereits 1993 auf 6 Liter vergrößerten Motor ein Wagen der »Königsklasse«, wie der begleitende Text sagt.*

Oben: *Katalogseite für den Daimler Double Six 6.0 Litre des Modelljahrgangs 1995.*

Rechts: *Jaguar-Design: Seit William Lyons' Zeiten kommt diesem Bereich in Coventry ein besonders hoher Stellenwert zu.*

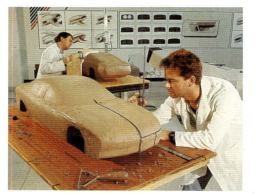

Auf dem Pariser Autosalon 1994 debütierte schließlich ein ganz neuer XJ. Jaguar-Fans waren auf Anhieb begeistert. Seine Konturen ließen äußerlich zwar die Verwandtschaft zu seinem Vorgänger erkennen, dennoch handelte es sich bei diesem Jaguar um eine von Grund auf neue Konstruktion. Intern als X300 bezeichnet, stellte diese Limousine das Optimum eines komfortablen Geschäfts- und Reisewagens dar: up to date in der

Rechts und Seite 124: *Zwei Seiten aus dem Ankündigungskatalog zum 1995er Jaguar-XJ-Modelljahrgang.*

Vom XJ40 zum Krompressor-Jaguar

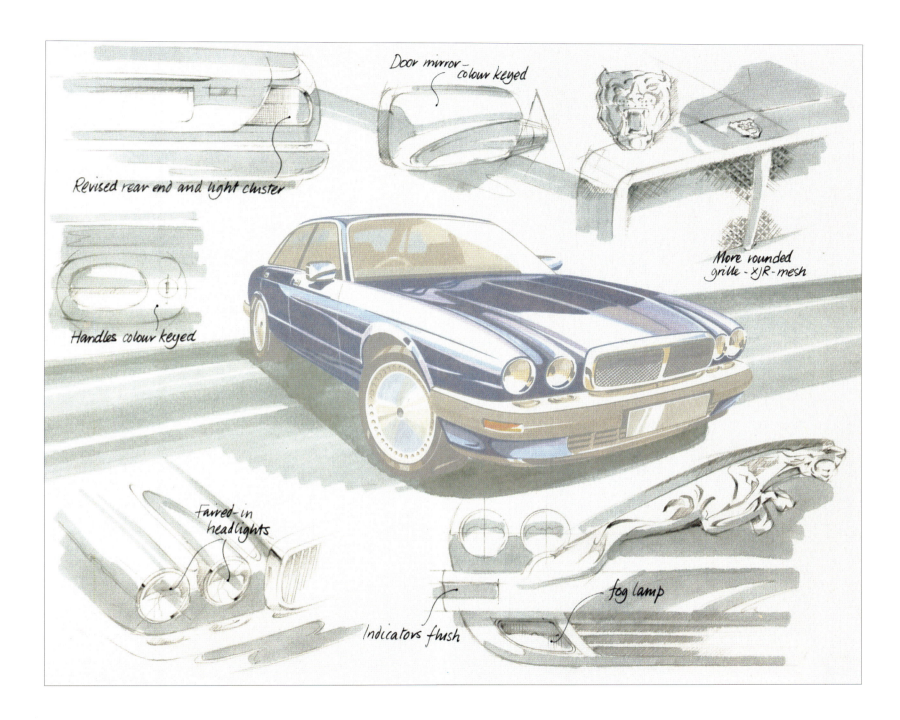

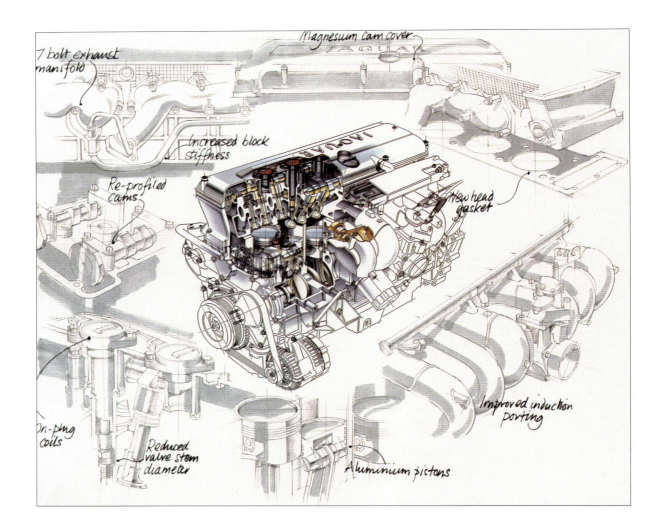

Technik, hervorragend im Fahrverhalten, bestechend im Design. Besonders gut gelungen war die Frontpartie mit ihren Scheinwerferpaaren, die entfernt an den Mk. X und den XJ der Serie 3 erinnerten.

Spitzenmodell der 1995er Modellreihe in bezug auf Leistung war der XJR mit einem 4.0-Liter-Kompressormotor, 320 PS stark. Seinen Kühlergrill zierte ein engmaschiges Drahtnetz: Ganz wie in der Vintage-Zeit... Damit hatte die Marke mit der Raubkatze im Wappen wieder ein Automobil mit besonders viel »Biß« im Angebot.

Der Tradition Jaguars entsprechend, gab es im Interieur aller XJ-Modelle wieder üppiges Leder, feinstes Edelholzfurnier und eine Komplettausstattung, die unter Inanspruchnahme moderner Elektronik für Fahrvergnügen

»pur« sorgte und keine Wünsche offenließ. Längst gehörten ABS, Airbags, Seitenaufprallschutz und ein raffiniertes Diebstahlschutzsystem bei Jaguar zu den Selbstverständlichkeiten.

Mit dieser neuen Serie hatte Jaguar einen Volltreffer gelandet. Auf allen Märkten schossen die Zulassungszahlen in die Höhe; allein in Deutschland wurden von diesem Jaguar in den ersten zwölf Monaten mehr als doppelt so viele abgesetzt wie vom Vormodell im gleichen Zeitraum.

Der neue Jaguar-Vorstandsvorsitzende Nick Scheele, auf seine Zielsetzung mit diesem Erfolgsmodell angesprochen, brachte sie in einer verblüffend einfachen Formel zum Ausdruck: »Ich will nichts weiter, als was William Lyons zeit seines Lebens ebenfalls anstrebte: Automobile in bester Qualität auf den Markt zu bringen, getreu dem Motto, das heute wie damals gilt: Best value for money«.

Brillant wie die Produkte in den neunziger Jahren sind die Kataloge, die für sie werben. Sammler betrachten die »Jaguar Sales Folder« als wertvolle Schätze und hüten sie sorgsam. By the way – im Jaguar-Auftrag tätige Gestalter und Fotografen wurden für ihre Arbeiten mehrfach mit Preisen ausgezeichnet.

Oben: *Auch der Zulieferer Connolly, seit jeher berühmt für seine hochwertigen Lederqualitäten, weist in Inseraten gern auf seine langjährigen Verbindungen zu Jaguar hin.*

Rechts oben: *Im Sommer 1995 erwarb der Autoverleiher Sixt eine umfangreiche Flotte von Jaguar Automobilen. »Don't dream it – rent it!« lautete einer der eingängigen Slogans in Abwandlung der Jaguar-Version: »Don't dream it – drive it!«*

Rechts: *Mit dieser Art von Inseraten, großzügig aufgemacht, startete Jaguar Deutschland ins Jahr 1996. Im Mittelpunkt des Interesses: Die mit Kompressormotor versehene Edelkatze namens XJR...*

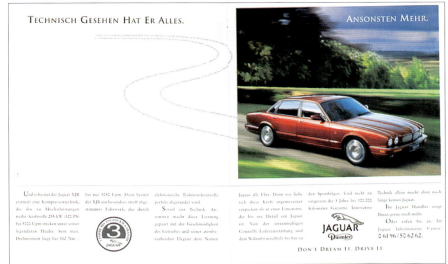

KAPITEL 8

GENF 1996: DEBUT EINER NEUEN SPORTWAGEN-GENERATION

Genf, 5. März 1996, 8 Uhr 30: Auf dem 66. Genfer Automobil-Salon stellte Jaguar seinen neuen Sportwagen, cen XK8 vor. Jaguar präsentierte damit den lange erwarteten Nachfolger des XJS und schlug die Brücke zum legendären E (der in den USA als XKE verkauft worden war). Vor genau 35 Jahren hatte Sir William Lyons in den Gärten des Restaurants Parc des Eaux Vives in Genf den E-Type enthüllt, nicht minder stolz wie damals Sir William zeigte sich über drei Jahrzehnte später Nick Scheele, Vorsitzender und geschäftsführender Direktor der britischen Traditionsschmiede: »Wir von Jaguar sind sehr stolz darauf, den XK8 heute nach Genf bringen zu können. Der XK8 ist ein außergewöhnlich schöner Sportwagen, von dem ich überzeugt bin, daß er seinen Platz unter den absolut Größten in Jaguars Sportwagengeschichte einnehmen wird«.

Über einen XJS-Nachfolger wurde schon seit Mitte der 80er Jahre spekuliert, damals ging man noch davon aus, daß der neue Wagen (von dem immer wieder »Erlkönig«-Bilder erschienen) F-Type heißen sollte. Nach der Übernahme durch Ford wurde das Projekt jedoch zunächst auf Eis gelegt, das Limousinenprogramm genoß absoluten Vorrang. Doch das Warten auf den Sport-Jaguar hatte sich gelohnt, der XK8 entpuppte sich als raffinierte Mischung klassischer Jaguar-Stilelemente mit zeitgemäßem Sportwagendesign. Jaguar-typisch der raubkatzenartige Look mit einer gedrungenen Front (die durch den traditionellen ovalen Kühlergrill noch verstärkt wurde), die hohe Gürtellinie und die bauchigen hinteren Kotflügel. Das Herz des neuen XK bildete ein brandneuer 4,0 Liter-V8-Motor, Jaguars erster Achtzylinder und zugleich auch ein deutlicher Hinweis darauf, daß der neue Jag, wie alle anderen auch, vor allem in den USA auf Käuferjagd gehen sollte.

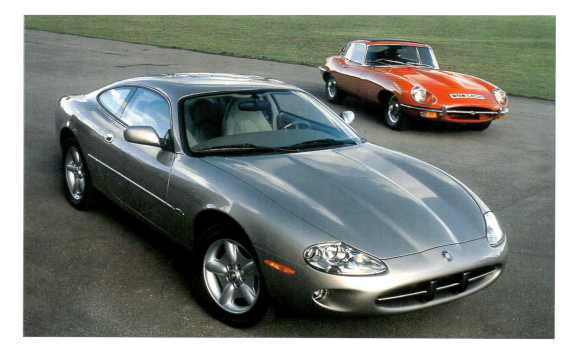

Unten: *Der erste Jaguar-Sportwagen seit 21 Jahren und das erste neue Sportwagenprogramm seit der Übernahme des Unternehmens durch Ford 1990.*

Genf 1996: Debut einer neuen Sportwagen-Generation

Oben und rechts: In Genf nur als Coupé vorgestellt, doch bei der Einführung Ende 1996 auch als Cabriolet verfügbar: der Jaguar XK8.